HOW TO SELL
A 100 YEN COLA FOR 1000 YEN

新 100円のコーラを1000円で売る方法

永井孝尚

TAKAHISA
NAGAI

KADOKAWA

結果が見えないことを積極的にやる人々の決断は、
ほとんどがアニマルスピリットの結果でしかない。

（ジョン・メイナード・ケインズ）

【新】100円のコーラを1000円で売る方法

CONTENTS

DTP：ニッタプリントサービス
編集協力：木村潤
校正：群企画（森谷かおり）

Prologue

マーケティング界のロックスター?

日吉慶子《ひよしけいこ》は激怒して、思わずイスから立ち上がった。

「納得できません！　この見積り金額で合意したはずです。約束を守るのは、ビジネスの基本ルールです」

港未来《みなとみく》は感情のない目で日吉を見据えて静かに言った。

「大企業のお客様と渡り合ってビッグビジネスをもぎ取ってくるのは私たちです。悔しかったら、ご自分でビジネスを取ることですね」

——15分前。

「下請け業務は、問題なく完了ということですね」

港は書類をひと通り確認して言った。

ここは六本木の東京ミッドタウンにある「トライアンフ社」のオフィス。トライアンフは社員4万人を擁し、多くの大企業からシステム構築を請け負う、国内最大手の総合ITサービス会社である。

港は同社の購買部・担当課長だ。東京大学を卒業後、ハーバード・ビジネス・スクールでMBAを取得して同社に入社。ショートヘアで身長170センチを超え、今年30歳になる。「社内で三指に入る切れ者」「初の女性社長候補」とも称される才媛だ。

港に作業報告を終えた日吉は、笑顔を浮かべて答えた。

「はい。御社のプロジェクトのご担当にも、高い評価をいただいております」

髪をポニーテールにまとめた小柄な日吉は、ITサービス専業の中小企業「UDサービス社」で入社5年目の若手社員。傍らにはUDサービス入社直後の外国人同僚、マルクス・ハマーが、にこやかに座っていた。

トライアンフは林物産から、本プロジェクトのシステム構築全体をまとめて受注した。そしてトライアンフは、プロジェクトの一部をUDサービスに下請けとして外注。今日は、その下請け業務の完了報告である。この下請け業務の完了を承認するのが、購買部担当課長である港の役割だ。

ひと通り書類を確認した港は、事務的に日吉に伝えた。

「作業完了を承認します。ただし、お支払いは2割引です」

その後、日吉が「納得できません！」と立ち上がったのが冒頭の場面である。

そして港は日吉に通告した。

「……こちらにも事情があるんです。支払いは2割引。二度も言わせないように」

一方的な下請けへの値下げ強要である。

ひと言も返せず、日吉は港をにらみつけたまま唇を噛みしめた。

商談を終えて、六本木から渋谷にあるUDサービスのオフィスへの帰り道、黙っていたマルクスが「ケイコサン、ちょっといいデスカ」と口を開いた。

日吉が黙ってうなずくと、マルクスはマシンガンのように話し始めた。

「金額を合意して作業も終わっているのに、値下げ強要なんて、アンフェアデス」

日吉は吐き捨てるように言った。

「あり得ないわよ！　アイツなんなの。港のヤツ、絶対に許せないわ！」

日吉の実家は東京の下町にある小さな商店で、幼い頃から両親の商売を間近に見て、自分も近所の御用聞きをして商売を手伝いながら育った。

そんな頃に日吉が知った会社が、UDサービスだった。当時、UDサービスは中小企業の経営変革をITで実現し、飛ぶ鳥を落とす勢いで成長し続けていた。

日吉の両親が経営する商店にも、UDサービスの社員が訪れていた。

背が高く、颯爽《さっそう》と仕事をこなすUDサービスの社員は実にカッコよかった。両親から経営の悩みを聞き、店の現場の様子も細かく観察して、IT活用で店の経営を魔法のように変えた。日吉は幼心に「私も将来、この会社で働いて、お客さんを元気にしたい！」と思うようになった。

その思いは大学生になっても変わることはなく、就活はUDサービス一本だった。

そして5年前、日吉はUDサービス本社オフィスの前に立ち、もうすぐ始まるUDサービスの入社式を前に、最高の気分だった。

「この会社を世界一の会社にして、日本を元気にする！」

しかし入社後、社内から見たUDサービスは、子どもの頃に輝いて見えたUDサービスとは一変していた。颯爽と仕事をこなす社員などほとんどおらず、飛ぶ鳥を落とす勢いで成長していた売上は、長期低迷を続けていた。

そんな中でも日吉は「この会社を世界一の会社にして、日本を元気にする！」という気持ちを失わず、現場の第一線セールスとして成果をあげ続けた。


——商談の1週間前。

入社5年目となった日吉は、27歳の若さにもかかわらず新規事業開発リーダーに指名され、初めての部下も3人付いた。異例の抜擢である。しかもUDサービスの創業社長・祐《ゆう》天寺《てんじ》大介《だいすけ》から直々のご指名。突然の話に驚いた日吉は祐天寺に尋ねた。

「なんで私がチームリーダーなんですか？　しかも部下には大先輩もいますよ」

祐天寺は笑いながら答えた。

「それは、日吉さんが**アニマルスピリット**の持ち主だからだよ」

「アニマルスピリット？　私って、なんかの動物みたいな感じですか？」

「ああ、そう思っちゃった？　違う違う。日吉さんって、新しいことに次々と前向きに挑戦していて、しかも仕事を楽しんでいるよね。そういう気持ちのことを『アニマルスピリット』っていうんだ。UDサービスが成長するには新規事業が絶対に必要だ。だから最適任の日吉さんに、ぜひお願いしたいんだよ」

日吉は戸惑ったが、「この会社を世界一の会社にする第一歩」と腹を括《くく》った。そしてさっそく、部下3名と個別に話し合った。

しかしその部下たちが、立て続けに退職を申し出てきたのである。

最初の面談は一つ年下の菊名慎一。若手のホープだ。

面談を始めると、いきなり菊名は軽い調子で切り出した。

「あ、自分、今月末で退職するんすよ」

（まずは菊名さんの希望を聞くところから始めよう）と思っていた日吉は、大きく目を見開いた。

「え？　退職⁉」

「だってウチ給料、低過ぎません？　米国カリフォルニアでは最低賃金が20ドル。300円超、日本の3倍っす。日本を脱出して、海外で寿司職人目指します」

「海外で寿司職人？　なんで？」

日吉が驚いて尋ねると、菊名は屈託なく笑顔で答えた。

「日吉センパイ、知らないんすか？　寿司は海外で人気なのに人手不足なんですよ。寿司職人スクールで3カ月修業すれば即仕事できるし、2、3年修業して料理長になれば年収1000〜2000万円ですよ。残業ゼロで給料数倍。今より楽でお金も貯まるし、コスパもタイパもいいんですよ。最高じゃないっすか。よければセンパイにも寿司職人スクール紹介しますよ」

「そ、そうなのね……。海外への挑戦、頑張ってください」


二人目は58歳の経験豊富な目黒中《あたる》。会社規則で、58歳の社員には「60歳で定年退職後、当社で再雇用の場合、同じ仕事でも給料半減」と伝える必要がある。日吉が規則を伝えると目黒はその場で黙りこくった。翌朝、メールが届いた。

「『自分の娘よりも若い女性上司だけど心機一転、頑張ろう』と思った矢先のこの仕打ち。

酷過ぎます。長年真面目に当社に勤めて、経験もスキルもあるし活躍できる自信もありますが、もう見切りを付けました。有休を使って別の仕事を探します。でも、こうして貴重な戦力を切り捨てちゃって、当社は大丈夫なんですかね？」

いきなり部下二人が退職し、日吉はガックリである。

（「この会社を世界一にしよう」と思って一生懸命やっているのに、なんでこうなるの？

次の面談は、小杉クンか……）

（これから日吉との面談か……）

小杉武蔵《こすぎむさし》は、憂鬱な気持ちで打合せ室にいた。同期入社の日吉は、大学も同期。日吉は基本「陰キャ」の自分とは正反対で、学生時代から超ポジティブで前向き。しかも行動は予測不能。そんな日吉に小杉は振り回され続けてきた。

小杉がUDサービスに内定が決まった時も、小杉が大学近くのカフェで本を読んでいたら、いきなり後ろから「ヤッホー！」と言いながら肩をど突かれ、小杉はコーヒーを吹き出した。振り返ると、笑顔で手を振る日吉がいた。

「驚いたわ。小杉クンもUDサービスに入社するのね。私もなの！　頑張ろうね！」

日吉が子どもの頃からUDサービスに入社を考えていたことは、後から知った。

（おいおい。日吉がここを希望しているって知ってたら、この会社には入らなかったよ……。でもボクは就活全敗でやっと最後にここに決まったんだから、仕方ないか）

しかし、日吉は入社後も「ＵＤサービスを世界一の会社にして、日本を元気にする」と言い続けて頑張っている。

（頑張っている日吉の抜擢は当然だよな。同期の入社5年目で上司と部下……。差が付いたなぁ。昇進でテンション高いだろうし、面談でもハッパかけられるんだろうなぁ）

そんなことを考えていると、日吉が現れた。

あれ？　なぜかいつもの日吉とは様子が違う。席に座ると意外なことを言い出した。

「小杉クン、この会社辞めないよね……」

「は？　辞める？」

日吉曰《いわ》く、菊名と目黒が退職するという。

「マジか。日吉も大変だなぁ。ボクは当面辞めるつもりはないよ」

小杉がそう伝えると、日吉は顔がぱっと明るくなった。

「ホント！　よかった！　小杉クン、ありがとう！」

いきなり小杉の両手を握ってきた。その後は、いつもの日吉慶子に戻っていた。

「小杉クン、この仕事、絶対に化けるわ。だって新規事業開発よ。この仕事なら、ＵＤサービスも私たちも絶対に成長すると思うの。一緒に頑張りましょう！」

結局、小杉の予想通り、最後にハッパをかけられて面談は終わった。


こうして面談が終了。かろうじて小杉が一人残って、日吉はホッとした。

それにしても部下二人が辞めた理由に共通するのは、給料の低さだ。

先進国だったはずの日本は、なぜこうなってしまったんだろう……。

そもそも新規事業開発チームは二人だけだ。

（「化ける」とは言ったけど、何をすればいいのかさっぱりわからないわ。祐天寺社長はニコニコして「日吉さんが好きなようにやればいい」って言うけど、そんな簡単じゃないと思うんだけどなぁ……）


その時、祐天寺社長の秘書からスマホに「社長からお話があるので、お越しいただけますか？」とメッセージが届いた。社長室に行くと、笑みをたたえた祐天寺がいた。

「実は知り合いから紹介された米国人がいて、今朝の面談で正式に採用しました。今日から日吉さんの部下になります。あ、来たようですね。マルクス、どうぞ」

ドアが開くと白人男性がいた。90度直角のお辞儀ポーズを決めて、流暢な日本語で話しだした。

「お世話になりマスッ！　マルクス・ハマーと申しマスッ」

「マルクスは米国の大学でマーケティングを研究してきた研究者なんだ。日本企業に興味を持っていて、日本企業で仕事しながらビジネスの現場を研究したいということで紹介されたんだ。マルクス、自己紹介してもらえるかな」

マルクスは頭を上げた。金髪に眼鏡で身長180センチ。年齢は30歳前後だろうか。

「ハイ。日本はかつてマーケティング先進国で、多くの研究者が学んできマシタ。その日本が数十年間低迷してマス。その謎の解明のため日本企業の研究を始めマシタ。そして日本企業の現場で知見を深めるために入社しマシタ。よろしくお願いしマス」

祐天寺は、マルクスと日吉を交互に見ながら話を続けた。

「マルクスは『マーケティング界のロックスター』と言われる有名人でね。彼が加わると、日吉さんの新規事業開発チームも勢いが付くと思うんだ。マルクス、この人がキミの上司になる日吉慶子さんだ」

「ケイコサン、よろしくお願いしマス」

マルクスは日吉の方を向いて、再び90度直角お辞儀ポーズを決めた。

「こちらこそ、よろしくお願いします」

頭を下げてお辞儀をした日吉は、どうしても気になって質問した。

「『マーケティング界のロックスター』って、どういうことですか？」

「周囲の人が勝手にボクのことをそう呼ぶんデス。昔ロックバンドやってて『アイム・ロックスター』って言ってたからかもデス。担当はボーカルデス！」

マルクスはニコッとして答えたが、日吉はわからないことだらけだった。

（なんでまた、マーケティング研究者が私のチームに来るの？　祐天寺社長、相変わらず何を考えているのか、よくわからないわ）

ここで日吉はふと時計を見て気が付いた。

「あ、もうすぐトライアンフとの打合せだわ。すぐにここを出なきゃ」

さっそく、マルクスが興味を示した。

「面白そうデスネ。ボクも一緒に行きマス」

「うーん。まぁ、いいか。今日はお試しだから、商談中は黙っててね」

こうして二人は、六本木にあるトライアンフでの港未来との商談に出向いた。

人員が少ないUDサービスでは異動しても業務引継ぎ先がない。このため日吉は異動後も、異動前の仕事を完了まで担当していた。今回の訪問の目的は、日吉が担当していた林物産プロジェクトの下請け業務を、トライアンフに完了報告することだ。

渋谷のUDサービスから六本木のトライアンフまでの道中、日吉はマルクスに色々な話を伝えた。自分がUDサービスを世界一の企業にして、日本を元気にしたいと思って入社したこと、ただ現実には、UDサービスの業績は低迷していること、そんな中で自分が新たに新規事業開発チームを任されたこと、当初3名予定の部下がいきなり1名に減ったので、マルクスに期待していること、などなどだ。

日吉の話に、マルクスは「世界一！　スゴいデス。一緒に頑張りマショウ」「オーノー、業績低迷！」「ワンダフル！　チームリーダーデスカ！」「部下が辞めたんデスカ？　オーマイガッ！」といちいち大げさに反応した。

そして今、港との商談を終えた日吉は、マルクスと話している。

「あり得ないわよ！　アイツなんなの。港のヤツ、絶対に許せないわ！」

日吉が吐き捨てると、マルクスも怒りで顔を紅潮させて言った。

「下請けでもビジネスは対等デス。今後、トライアンフの仕事は断るべきデス！」

日吉は残念そうに首を振って答える。

「それがムリなのよ。ウチの売上の半分以上は下請け案件で、発注元はほとんどがトライアンフ。トライアンフの仕事を断ると売上の半分が消えてウチは確実に潰れる。しかも社内で『問題だ』と声をあげても、なぜかウヤムヤになるのよ」

「オーマイガッ！　ホワ～イッ！　悔しくないんデスカ！」

マルクスは日吉を指さした。

「ケイコサン、アナタは『ＵＤサービスを世界一の企業にして、日本を元気にする！』って言ってましたヨネ。今のままでは絶対ムリデス」

「え？　なんでムリなの？」

マルクスは金髪をかきむしって、真っ赤になって言い放った。

「ＵＤサービスの低迷も、若者が日本を見切って海外に出稼ぎに行くのも、経験豊富なシニア社員の給料を半減しなければいけないのも、トライアンフがウチを奴隷扱いするのも、原因はただ一つデス」

「何よ。その原因って？」

「この会社が、マーケティングをまったくわかってないことデス！」

突然のことに、日吉は目をまたたかせた。

「え？　マーケティング？　それって、ウチと何か関係あるの？」

「マーケティングを武器にすれば、ＵＤサービスは世界一になりマス！　そして日本も元気になりマス！」

Story 1

「市場が飽和したから成長できない」は単なる言い訳

――レビットのマーケティング論

「『マーケティングを武器にしろ』なんて、ゼッタイ間違ってる！」

風呂に浸かりしばし考え込んでいた日吉慶子は、大きな声をあげた。

下町の商店で育った日吉は、子どもの頃から近所に御用聞きをして注文を取っていた。御用聞きスタイルは絶滅寸前だったが、日吉が「今日はオススメの野菜が入りました〜」と声をかけていくと、珍しがられて注文が取れた。

数をこなせば、売上になる。日吉はこれを「ローラー作戦」と名付けていた。

ＵＤサービスに入社した日吉は、この方法を進化させた。

たとえば日吉は、病院へのＩＴシステムの売り込みでは、院長の細々とした仕事を手伝うのが得意技だった。週末の引っ越しの手伝いは当然。家族旅行の手配、出張アレンジ、さらには車検の手続きまでやった。製薬会社の営業になった大学の同期から教わった方法だ。製薬営業は病院の院長との個人的な付き合いが深いほど成績がいいという。休日に院長と一緒にマラソン大会に出る人もいるらしい。法人営業は個人的な付き合い次第で営業成績が決まる世界であることを、日吉は痛感していた。

「お客様に徹底的に尽くす。コレよ。明日、マルクスにちゃんと言わなきゃ」

「オーマイガッ！　引っ越しなんて、ビジネスと無関係デス！　そんなやり方はダメなんデス。お客のこと、何も考えてマセン」

翌日UDサービスのオフィスで、マルクスは頭を抱えた。日吉はムッとした。

「失礼ね。私ほどお客様のことを考え抜いている人、滅多にいないわ」

マルクスも負けていない。

「努力と才能の無駄遣いデス！　そんな努力をしないのがマーケティングなんデス」

「マーケティングって、要は広告や宣伝でしょ。お客様に地道に尽くす努力もせずに『マーケティングを武器にすればいい』なんて、サギ同然だわ。そもそも私たちの仕事は新規事業開発よ。マーケティングなんて全然関係ないし」

マルクスは「ジーザス！」と言いながら頭をかきむしった。

「マーケティングは、広告だけじゃありマセン！」

「広告代理店の知り合いは、皆『マーケやっている』って言ってるわよ」

「**『ビジネスでいかに価値を生むか？』を考え抜くのが、マーケティング**なんデス」

「全然意味がわからないんですけど」

小杉武蔵はまるで噛み合わない二人を見かねて「マルクス、ちょっといいかな？」と話に割り込んできた。小杉は今朝、日吉からマルクスを紹介されたばかりだ。

「現実のビジネスは厳しくてさ。ＩＴサービスの市場は飽和していて、ライバルと戦いな

成長が止まるのは「市場の飽和」でなく「経営の失敗」

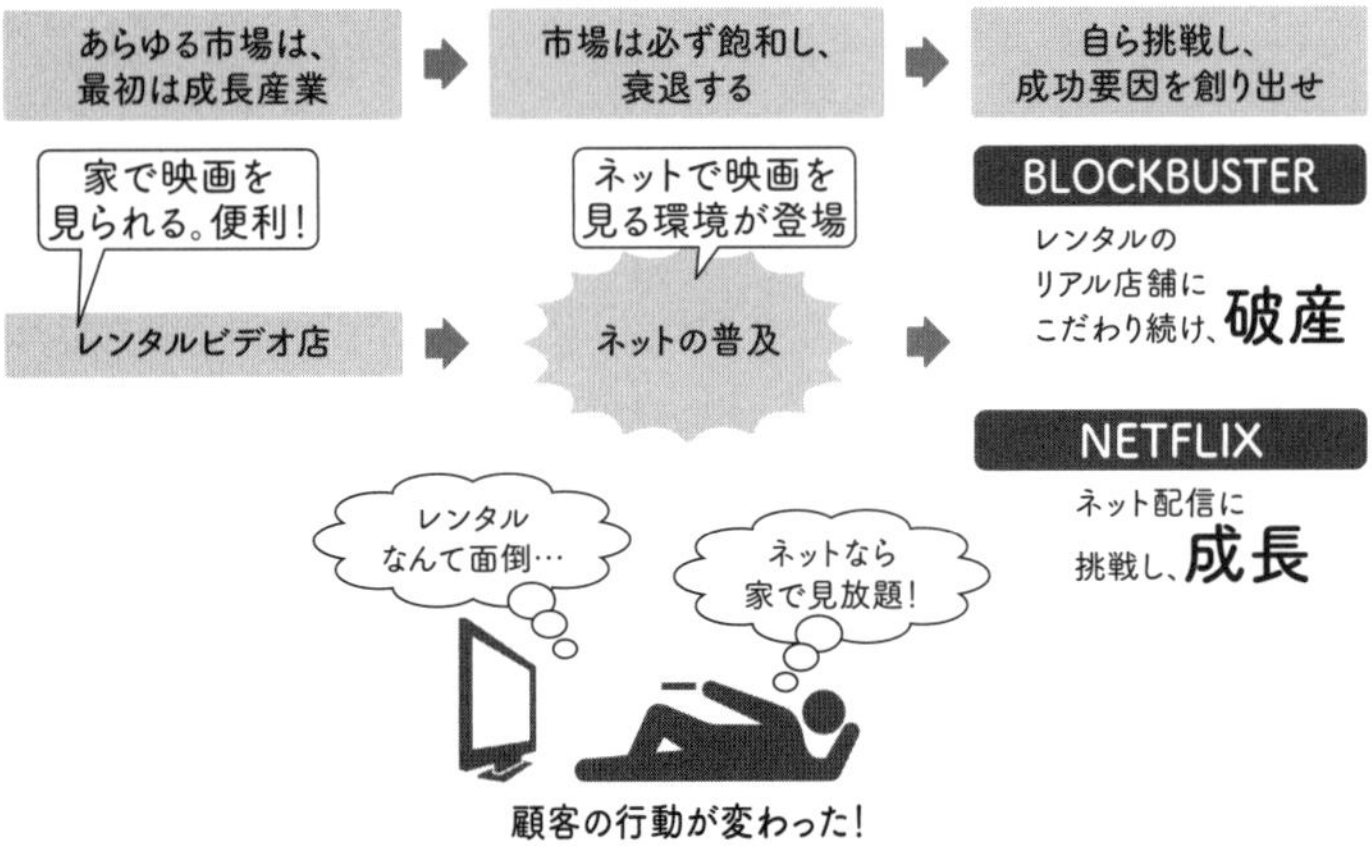
あらゆる市場は、
最初は成長産業
市場は必ず飽和し、
衰退する
自ら挑戦し、
成功要因を創り出せ
家で映画を
見られる。便利！
レンタルビデオ店
ネットで映画を
見る環境が登場
ネットの普及
BLOCKBUSTER
レンタルの
リアル店舗に
こだわり続け、破産
NETFLIX
ネット配信に
挑戦し、成長
レンタル
なんて面倒…
ネットなら
家で見放題！
顧客の行動が変わった！

がら頑張っているんだ。それにこの30年間、日本は停滞し続けているし」

「オーマイガッ！『市場の飽和』は言い訳デス。セオドア・レビットというマーケティングの大家も『**成長が止まるのは、市場の飽和でなく経営の失敗。あらゆる製品は、陳腐化を免れない。自ら成功の要因を作り出すしかない**』と言ってマス」

「『言い訳』って、ちょっと失礼じゃない？」

日吉は（学者なんて厳しいビジネスの現実も知らないのに）と言いたげに顔をしかめた。

「**あらゆる産業は、最初は成長産業**デス。今、低迷しているビデオレンタル業界も、昔は成長産業デシタ。ネットフリックスは最初、このビデオレンタルで創業したンデス」

「え？　そうだったの？」

「でも、ネットフリックスはすぐに『成長していたビデオレンタルはネット普及で衰退して消える』と気付き、ネット配信を始めマシタ。逆に業界トップのブロックバスターは、衰退するビデオレンタルのリアル店舗にこだわり続けて破産しマシタ。ネットフリックスのように**自分で成功要因をつくり、チャンスをモノにした企業は成長しマス**。一方、ブロックバスターのように挑戦せず飽和する市場で頑張り続ける企業は消えマス。UDサービスも日本も、市場飽和が低迷の原因ではありマセン。新たな挑戦をしてないだけデス」

日吉が考えたこともない指摘だった。

（ってことは何？　引っ越しの手伝いをしてまで頑張り続ける私は、実は挑戦せずに衰退する市場にしがみついているだけで、最後にこの会社は破綻するってワケ？）

考え込む日吉をよそに、小杉がマルクスに尋ねた。

「じゃあマルクスは、具体的にどうすればいいと思う？」

「ケイコサンは『昔のUDサービスはすごかった』と言ってマシタ。でも今は低迷してマス。そのきっかけがわかると、ヒントになるはずデス」

小杉が「ああ、それなぁ……」と話し始めた。

UDサービスは40年前、祐天寺大介社長が創業した。中小企業の経営を支援する斬新なサービスや製品に次々と挑戦し、会社は急成長。社員数は1000名を超えた。UDサービスが日吉の実家を支援したのも、この絶頂期だった。

しかし2008年、祐天寺が突然の病に倒れ、リーマンショックも重なり、会社は経営危機に陥った。祐天寺は社長辞任も考えたが、会社を二人三脚で育ててきた副社長の住吉《すみよし》元《はじめ》が「あなたは会社の柱。辞めてはダメです。日々の業務は私がやります」と引き留め、経営を引き継いだ。そして住吉は新規事業をすべて中止し、下請け業務にシフトする合理化を断行して会社は危機を脱した。しかし、十数年後の今もその方針が続いている。

今や売上は激減、社員数は400人になった。下請けへの方針変更に反対する社員は次々と退職。挑戦しない社員が多数派になり、挑戦する企業風土は指示待ち文化に変わった。今も療養中の祐天寺社長は、週1回の出社。最近の仕事といえば日吉をリーダーとする新規事業開発チームをつくり、マルクスを採用したくらいだ……。

黙って聞いていたマルクスが口を開いた。

「下請けは言われた通りやればいいので、誰でもできマス。**取替え可能な仕事なので、発注元は価格で選びマス**。だからトライアンフから買い叩かれるんデス」

日吉が悔しそうに「そうね」と答えた。

「昔のUDサービスは、**中小企業として取替えできないから成長しマシタ**。下請けシフト後は、取替え可能になって低迷し、給料も下がってマス」

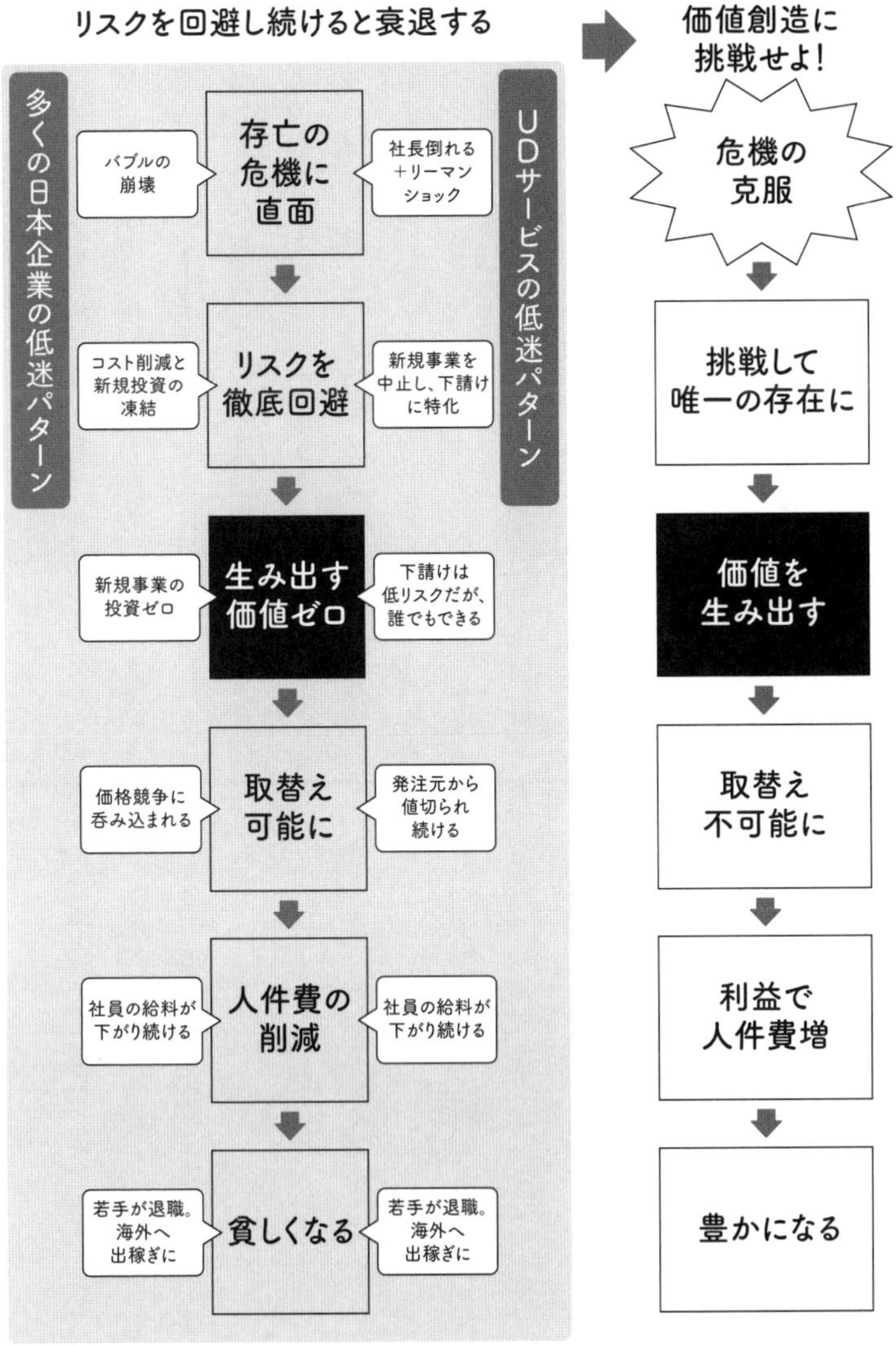
リスクを回避し続けると衰退する
価値創造に挑戦せよ!
多くの日本企業の低迷パターン
UDサービスの低迷パターン
存亡の危機に直面
バブルの崩壊
社長倒れる＋リーマンショック
リスクを徹底回避
コスト削減と新規投資の凍結
新規事業を中止し、下請けに特化
生み出す価値ゼロ
新規事業の投資ゼロ
下請けは低リスクだが、誰でもできる
取替え可能に
価格競争に呑み込まれる
発注元から値切られ続ける
人件費の削減
社員の給料が下がり続ける
社員の給料が下がり続ける
貧しくなる
若手が退職。海外へ出稼ぎに
若手が退職。海外へ出稼ぎに
危機の克服
挑戦して唯一の存在に
価値を生み出す
取替え不可能に
利益で人件費増
豊かになる

次第に顔が紅潮してきたマルクスは、さらにヒートアップした。

「まさに低迷する日本デス。日本企業も１９８０年代までは挑戦して成長していマシタ。でもバブル崩壊で、危機克服のためにコスト削減とリスク回避が最優先になりマシタ。そしてその後も30年もの間挑戦せずに日本は貧しくなりマシタ。危機を克服したら、その後は**挑戦して、取替えられない価値を創り出すべき**なんデス」

マルクスは一気にまくし立てた。

「ホワーイ！　頭のいい日本人が、ナゼこんなカンタンなことがわからナ～イ！」

腕組みして聞いていた日吉は、首を傾げて言った。

「やっぱり納得できないわ。ウチのお客様はお得意様が中心なの。少々無理難題を言われても頑張って対応しているから、お客様の満足度もとても高いわ。マルクスは、このやり方も『価値を創っていない』っていうワケ？」

話を聞いたマルクスは、深刻そうな顔をして答えた。

「……それはヤバいデス。そんな努力を続けると、確実に衰退し続けマス」

予想もしない答えに、日吉はたまらず反論する。

「そんなのあり得ないわ。『得意先重視』は、営業では基本中の基本よ」

「確かに得意先は大事デス。でも、得意先だけではダメなんデス。データで検証した結果、

『得意先に絞り込む戦略だけでは衰退する』ことがわかっていマス」

日吉から「なんでそうなるの？」と聞かれて、逆にマルクスが尋ねた。

「ケイコサンは学生時代に、お気に入りのカフェってありマシタカ？」

「自宅の近所にあったカフェかな。コーヒーもスイーツも美味しいし、私は常連だったから時々トッピングをオマケしてくれたし。いい店で気に入っていたわ」

「今もその店に、行ってマスカ？」

「まったく行かないわ。だって仕事で忙しくて、ヒマがないでしょ」

マルクスは「デショ！」と言って説明を続けた。

「その店も『得意先のケイコサンは特別待遇していて満足度も高いから、離れない』と思っていたはずデス。でも、ケイコサンは店の価格やサービスとは無関係の理由で離れマシタ。つまり、満足した得意先でも、離れる時は離れて、得意先は減り続けマス」

「うわッ。あのお店から見ると、私はそう見えているわけ？　今度お店に行かなきゃ」

日吉は顔をしかめた。

「マーケティングでは、得意先のように頻繁に買って売上も大きいお客を『ヘビーユーザー』、売上が小さいお客を『ライトユーザー』、売上ゼロのお客を『ノンユーザー』と呼びマス。ケイコサンはその店ではヘビーユーザーで、お店のサービスにも満足してマシタ。

でも突然、ノンユーザーになりマシタ。リアルな市場もそうなってマス。購買データを分析すると、一定確率でヘビーユーザーが突然ノンユーザーになったり、逆にノンユーザーやライトユーザーがヘビーユーザーに変わりマス」

「つまり『**お得意様は、お得意様のままじゃない**』ってこと？」

「その通りデス！　そしてここからが本当の問題デス。お客が昔からの得意客ばかりで満足度も高いのは、衰退の兆候デス。新しい価値を創っていないんデス。激ヤバデス」

「なんでそうなるの？」

「得意客が離れ続ける中で、最後まで残るのは、満足度が特に高い得意客デス。UDサービスに満足度が高い得意客が多いのは、新しい客を獲得せずに昔からの客が減り続けて、特に満足度が高い得意客だけが残った結果デス」

小杉が「あ、そう言えば……」と声をあげた。

「以前、フィットネスクラブに通ってたんだけど、コロナ禍で行かなくなったんだよ。この前3年ぶりに行くとお客の数が2／3に減ってて、顔ぶれはコロナ禍前の常連客だけで、新しいお客はいないし閑古鳥が鳴いてた。これが『衰退の兆候』ってこと？」

「まったく同じ現象デス。**健全なビジネスでは、満足度がソコソコの新規顧客を獲得し続けて、その一部が徐々に満足度が高い得意客に変わり、全体の顧客が増えマス。**UDサー

「マーケティング」とは?

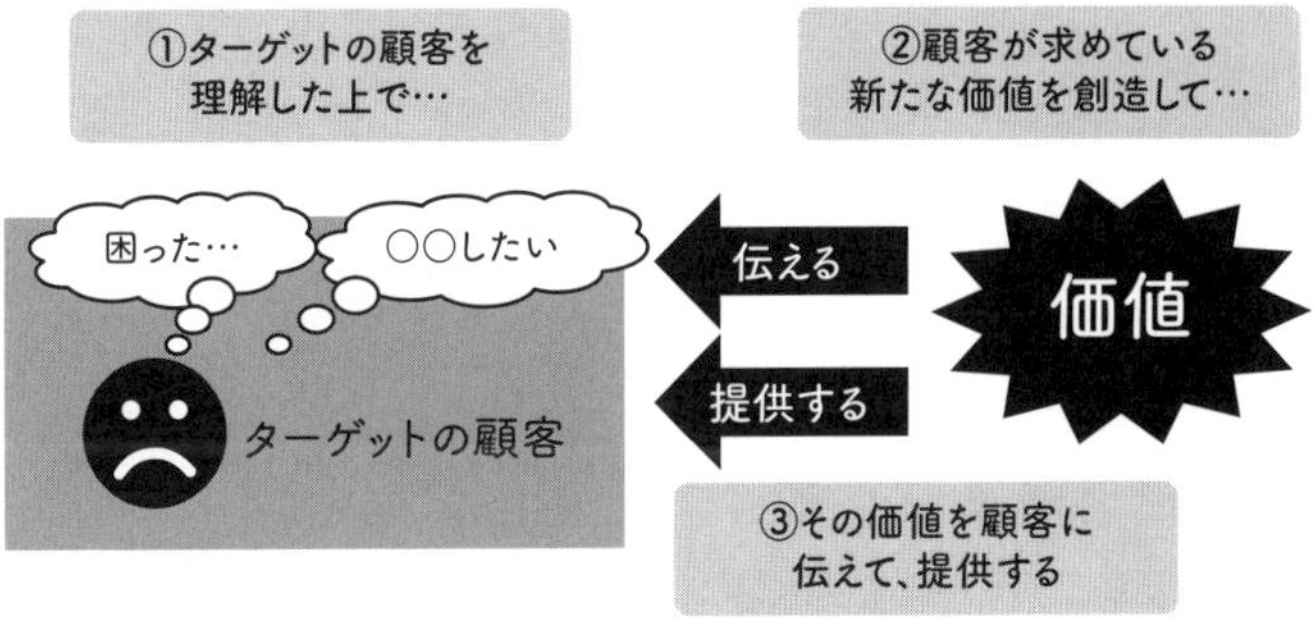
①ターゲットの顧客を理解した上で…
②顧客が求めている新たな価値を創造して…
困った…
○○したい
伝える
提供する
価値
ターゲットの顧客
③その価値を顧客に伝えて、提供する

顧客が求める「価値」を提供→結果として売れる

ビスは新規事業をやめて価値が創れなくなり、新規顧客獲得がなくなり、満足度が特に高い昔の得意客だけが残ってマス。このままでは、確実に衰退しマス」

（うわぁ。これじゃ「UDサービスを世界一の会社にする」なんて到底ムリだ……）と思いながら話を聞いていた日吉が尋ねた。

「私たちはどうすればいいと思う?」

マルクスはホワイトボードに絵を描きながら説明した。

「だからマーケティングをやるべきデス。マーケティングとは、**①ターゲットの顧客を理解**して、**②その顧客が求める新たな価値を創造**して、**③その価値を顧客に伝えて、提供**することデス。

ムリに売り込むのではなく、顧客が求める価値を提供して、その結果として売れることを目

日吉慶子のまとめ

①あらゆる製品は陳腐化する。自ら成功の要因をつくり出すしかない

②今のUDサービスは下請けで言いなり。「取替え可能」なので、提供できる価値がゼロである

③満足度が高い得意客が多いのは、新規顧客を開拓していないから。このままでは衰退確実

④やるべきことはマーケティングの実践で、新たな価値を創ること

指しマス。創業した頃のUDサービスはこれをやって成長しマシタ。問題はそれができなくなったことデス。まずは、マーケティングを理解すべきデス」

日吉は「なるほどね」と言って、今度は自分でホワイトボードに書き始めた。

「マルクスが言ったポイントをまとめると、こういうこと？」

マルクスはうれしそうに飛び上がった。

「ケイコサン、まさにその通りデス」

「じゃあ、まずは何すればいいの？」

「**まずは、新しいお客の獲得**デス。そのためには……」

その時、知らぬ間に傍らに立って静かに笑顔を浮かべていた男が口を開いた。

「お話の途中でたいへん恐縮ですが、ちょっとよろしいですか？」

その男は管理部長の代官山人《だいかんやまと》。UDサービスで管理一筋25年のプロである。

「あなたがマルクスさんですね？　あなたは、当社で仕事をしてはいけません」

「え？」マルクス、日吉、小杉の三人が同時に声をあげた。

「ホワーイ？　祐天寺社長は入社をOKしてくれマシタ」

「日本での就労ビザは、お取りになりましたか？」

「ホワット？　シュウロウピザ？　そんなピザ、食べたことないデース」

マルクスが両手を広げ肩をすくめて答えると、代官は笑顔を崩さずに伝えた。

「外国人の方が日本で仕事をするには、日本国が発行する就労ビザが必要です。当社で外国人の採用はあなたが初めてです。祐天寺社長はご存じなかったのでしょう」

「オーマイガッ！　ボク、どうすればいいんデスカ？」マルクスは頭を抱える。

「まず当社と雇用契約書を交していただきます。その後、あなたから学歴や資格の証明書類を当社に提出。当社が日本の出入国在留管理局に在留資格認定証明書の交付を申請します。在留資格認定証明書が交付されたら、当社からあなたにその証明書を送りますので、あなたは米国の日本国大使館でビザの発給を申請して、ビザを受け取ります。その後……。これらが全部終われば、晴れてあなたは当社で働くことができます」

（1ミリもわからない……）

マルクス、日吉、小杉は目が点である。

「就労ビザがないのに当社で働くと、あなたは不法滞在者になり、懲役または罰金、当社も不法就労助長罪で祐天寺社長が罪に問われます。つまり二人とも『犯罪者』になります」

代官は口元の笑顔を絶やさないが、マルクスを静かに見る目は笑っていなかった。

「オーノー！　ボク、何も悪いことしていマセン」

「それが法律です。就労ビザ取得は私がサポートします。でも仕事はここで終わり。米国に戻って就労ビザを取得してください。それまでウチの仕事はできません」

笑顔のまま丁寧な物腰で厳しいことを伝える代官に、日吉が質問した。

「マルクスがいなくなると困るんですが、何とかなりませんか？」

代官は笑顔で答えた。「マルクスさんと社長が、犯罪者になりますよ」

日吉はうなずかざるを得なかった。「そ、それは困りますね」

「では米国に戻って就労ビザの準備をしてください。最短でも数週間かかります」

代官に促されて、マルクスはＵＤサービスのオフィスから出て行った。

オフィスに残った日吉と小杉は、顔を見合わせた。

「どうする？」と小杉が日吉の顔をうかがうと、日吉が目を輝かせて答えた。

「マルクスは最後に『まず新しいお客の獲得』って言ってたわよね。だったら、やることは『ローラー作戦』で決まり。徹底的にお客様を回るだけよ！」

最初は頑固に疑っていた割に、納得するといきなり全開で猪突猛進の日吉である。

「ローラー作戦なら得意中の得意だわ。小杉クン、一緒にUDサービスを売り込みましょう。売って売って売りまくるわよ！」

拳を握って立ち上がった日吉を、小杉はウンザリした顔で見ていた。

（あーあ。ついに日吉のスイッチが入っちゃったよ……）

翌日から、日吉と小杉は手分けをして新規顧客開拓の挑戦を始めた。


――数週間後の、ある朝の渋谷。

マルクスは気持ちよさそうに風を受けながらスケボーに乗り、軽快に街を移動していた。UDサービスが入居する雑居ビルの前に止まると、軽やかなキックでスケボーを跳ね上げて小脇に抱え、満面の笑顔でUDサービスの渋谷オフィスに現れた。

「お久しぶりデス！　今日からUDサービスの社員デス。この近所に住まいも確保しマシタ。あれ、ケイコサンとムサシサン、どうしマシタ？」

二人は黙ったまま座っている。しばらく沈黙の後、日吉がマルクスを怨みがましい目で見上げて、吐き捨てた。

「ウソつきッ！　いくら頑張っても全然売れないわ」

マルクスが肩をすくめて「ワッツ ハップン？」と尋ねると、小杉が説明した。

「マルクスが『まず新しいお客の獲得』って言うから、この数週間、『ウチは何でもやります』って言って、朝から晩まで片っ端から200件も飛び込みセールスしてるんだけど、獲得案件ゼロなんだ……」

マルクスは天を仰いで叫んだ。

「ジーザス！　**『新しいお客の獲得』は『セールス』という意味じゃない**デス」

「はぁ？」と、うつむいていた日吉は顔を上げて、マルクスをキッとにらんだ。

「それはマーケティングと正反対デス！　この前お話ししたレビットは『**販売（セールス）とは製品を顧客のキャッシュと交換するテクニックだ**』とまで言ってマス。『売りまくれ』というのが、まさに典型的なセールスデス。この言葉の中には、お客の課題もニーズもありマセン」

ほんの数週間前、「売って売って売りまくるわよ！」と言い放ったばかりの日吉は、口元を歪めて言った。

セールスとマーケティングは、正反対

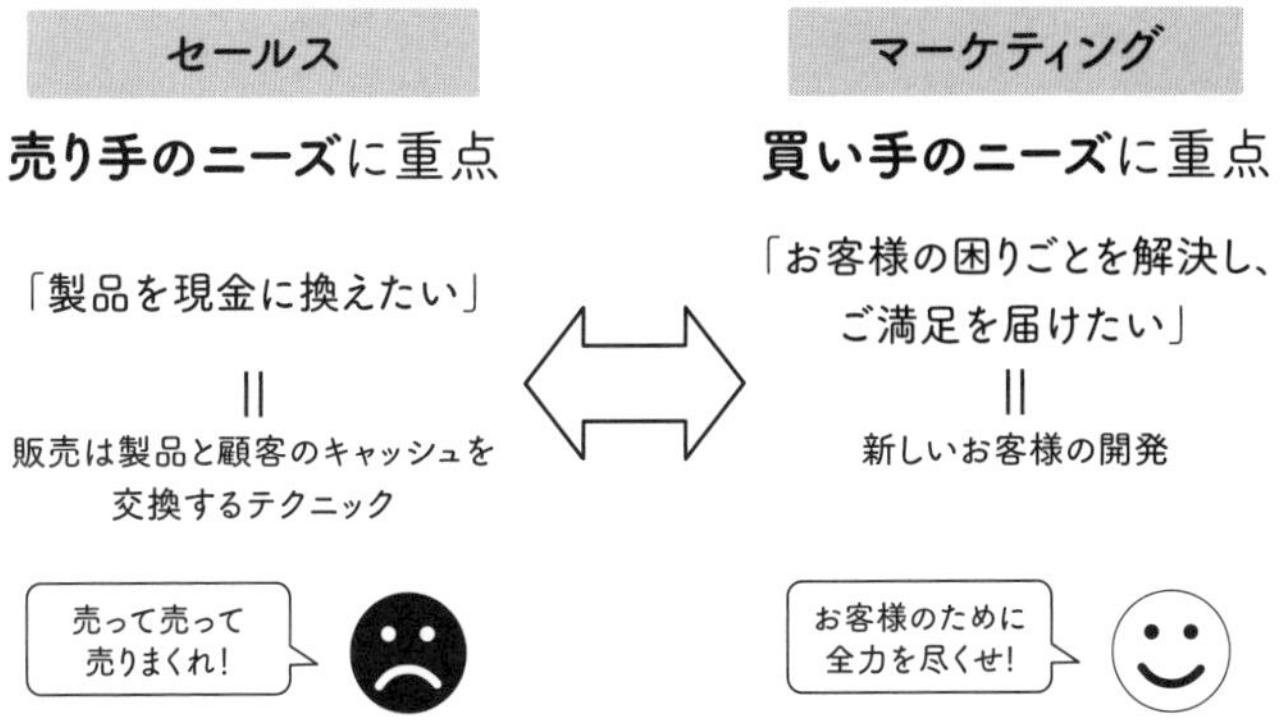
セールス
売り手のニーズに重点
「製品を現金に換えたい」
||
販売は製品と顧客のキャッシュを交換するテクニック
売って売って売りまくれ！
マーケティング
買い手のニーズに重点
「お客様の困りごとを解決し、ご満足を届けたい」
||
新しいお客様の開発
お客様のために全力を尽くせ！

「……ってことは、私の『ローラー作戦』って、要は『押し売り』ってこと？」

「イェース！」 マルクスは即答した。

「**マーケティングは買い手のニーズが出発点**デス。『お客の課題をどう解決するか』を考えマス。飛び込みセールスした200件のうち、お客の課題を事前調査したのは、何件デスカ？」

日吉が横を見たまま「そんなの全然してないし……」と悔しそうにつぶやくと、マルクスは両手を広げて肩をすくめながら言った。

「それじゃあ、契約が取れるわけがありまセーン！ やるべきことは新製品開発。言い換えれば『**新しいお客さんを開発すること**』デス。動く前に、頭を使いマショウ」

そのバカにしたような態度は、ローラー作戦で尽力してきた日吉の怒りに火を付けた。

「アナタ、さっきから偉そうに言ってるだけで、何もしてないじゃない。こっちは必死に汗をかいて走り回ってるのよ。アナタも少しは動きなさいよ」

「オーノー！　ボクはこの数週間、シューローピザ取るのに大変だったんデス」

「そんなの自業自得だわ。アナタなんか出禁よ、出禁！」

「デキン？　それってナンデスカ？　何か美味しい日本のお肉デスカ？」

「もう、日本語が通じないわね。『出入り禁止』ってことよッ！　アナタの言うことは、全部『机上の空論』なのよ。ビジネスの現場では1ミリも役に立たないわ！」

「オーノー！　役に立たないなんて失礼にも程がアリマス！　不愉快デス」

「その言葉、ソックリそのままアナタにお返しするわ。失礼で不愉快なのはアナタの方よ。自分で動かずに机上の空論ばかり言う頭でっかちって、私、生理的にムリなの！」

「頭を使わずに走り回るのは、ムダなんデス。だからアドバイスしてるんデス！」

小杉は真ん中に立って「まぁ、二人とも落ち着いて……」と仲介しようとしたが、二人はプイッとそっぽを向いてオフィスから出て行った。一人オフィスに残されてしばらく立っていた小杉は、ストンとイスに座ってポツリとつぶやいた。

「おいおい。このチーム、大丈夫かよ？　そもそも日吉。お前、リーダーだぞ」

結成早々、チームはバラバラ。どうする、日吉チーム？

Story

2

新技術がなくても イノベーションはできる

――イノベーションの誤解と本質

（うわぁ。やらかしちゃった……）

UDサービスのオフィスを飛び出した日吉慶子は、渋谷にある行きつけの老舗喫茶店「茶亭羽當《さていはとう》」に入って、コーヒーをひと口すすった途端、ふと我に返り天井を仰いだ。

「何事も真剣勝負」が信条の日吉は、白黒ハッキリさせないと気が済まない。

しかし、自分自身でも最近、そのやり方に限界も感じ始めていた。

つい先日も、大学の先輩に「ワタシ、すごく頑張っているのに、なんで彼氏ができないんですかねぇ～」とぼやいたところ、「アナタのそういうガッついたとこじゃない？」と言われたばかり。確かに思い当たることが多過ぎた。

日吉は気になる男性がいるとすぐに自分の気持ちをストレートに伝えるのだが、突然告られた相手はビビってしまい、返事はほぼ「ゴメンナサイ」。

まれにいい感じになっても、日吉が1時間ごとに「元気？」「今何しているの？」とメッセージをマメに送り続けると、1週間後には「なんかボク、ムリみたい……」。

仕事で大きな武器だった白黒ハッキリ付けるこのやり方は、プライベートでは通用しないことを日吉は感じ始めていた。リーダーの仕事も同じだ。相手の気持ちを考えずに一方的に白黒ハッキリさせても、相手は辛いだけなのかも……。

マルクスに「動く前に頭を使いマショウ」と自分でも薄々感じていた欠点を指摘されて、

感情的になってつい「アンタなんか出禁よ！」とストレートに言ってしまった。

（入社2日目のマルクスに、あれは言い過ぎよねぇ。どうしよう……）

頭を抱えた日吉を遠くから見ながら、店の入口の席に座っていた、シルバーヘアに琥珀色の大きな眼鏡をかけた女性がつぶやいた。（あの子が、日吉慶子か……）


翌朝。マルクスはオフィスに来なかった。メッセージを送っても返事がない。

（『出禁』って言っちゃったし、ムリもないわよね……）

その時、マルクスの言葉を思い出した。

「まずはマーケティングを理解すべきデス」

「やるべきことは新製品開発。『新しいお客さんを開発すること』デス」

（マーケティングねぇ……。全然知らないから、勉強してみるかな）

さっそく、日吉は近くの書店でマーケティングの入門書を数冊買い込んで、じっくりと読み始めた。

どの本も「まずは顧客の便益を考えろ」とある。そう言えばマルクスも**「マーケティングは、①ターゲットとなる顧客を理解して、②その顧客が求める新たな価値を創造して、③その価値を顧客に伝えて、提供することデス」**と言っていた。

ここで日吉はつまずいた。（そもそも「顧客の便益」って何？　「顧客を理解」ってどうすんの？　何がなんだか、もう全然わからない……）

入門書には「マーケティングリサーチで必要な情報を集めて、分析せよ」とある。オフィスの傍らにはＩＴ系の雑誌や市場調査レポートが山のように積まれていた。

（真剣に読んだことないなぁ。まずは読んでみよう……）


数時間後。日吉は膨大な資料を机に広げて、突っ伏していた。

（ゼッタイにムリ……）

どの資料も「ＤＸ推進」「最新ＡＩ活用」「セキュリティ徹底管理」といった最新ＩＴ用語を散りばめた最新情報がてんこ盛り。情報が多過ぎて何をすればいいのか、サッパリわからない。日吉はデスクを両手でバンッと叩いて、立ち上がった。

「あー。ダメだダメだ。お腹が空いている時にモノを考えるとネガティブになる！」

日吉はその日の午後は半休を取って、オフィスを出た。


——その前日。日吉と言い合いになりオフィスを飛び出したマルクスは「ジーザス！」とつぶやきながらスマホを操作し、「ラーメン二郎　三田本店」を検索していた。

実はマルクスが来日したウラ目的は、ラーメン二郎だったのである。

米国で日本を研究していたマルクスは、次第に日本への興味が膨張。インスタで調べるうちに日本独自の「ラーメン」という存在に辿り着き、猛烈に興味を持ち始めた。

特にラーメン二郎は「ジロリアン」という信者たちが「二郎はラーメンではなく、〝二郎〟という食べ物だ」と言うほど愛される唯一無二の存在なのだという。

しかし残念ながら、米国にラーメン二郎はない。ラーメン二郎の総本山は、創業店の三田本店。マルクスはまだ聖地・三田本店に行っていない。マルクスはＪＲ山手線で田町駅に移動し、スマホを頼りに三田本店に到着すると、十数名が行列していた。

（オー！　ついに聖地に来たんデスネ！）

興奮したマルクスは、日吉との言い争いなどすっかり忘れていた。

行列が進み注文して席に座ると、山のような野菜や肉の下に極太の麺が浸った巨大な器が出てきた。もはや暴力的ともいえる量である。

ラーメン二郎のメニューは「小」と「大」の二つだけ。だが「小」でも普通のラーメンの倍、「大」は3倍の量である。さらにトッピングを「ぶたダブル」にすると、２００〜３００ｇの豚肉が麺にのる。二郎は創業時から、育ち盛りの体育会系大学生に応えるために自家製麺でコストを下げ、圧倒的な量の麺や豚を提供し続けてきたのだ。

「オーマイガッ！　この量、何のパニッシュメントデスカ!?」

店内の冷ややかな視線も気にせず、マルクスは大声をあげた。

しかし声が出たのはそこまで。注文した「小」でも麺の量が多過ぎて、食べても食べても麺が減らない。他の客と同様、マルクスも黙々と麺との格闘を始めた。そして完食して二郎の初体験を終えたマルクスは、不思議と「至高の幸福感」に包まれた。

「『生きる』ってこういうことなんデスネ。これがジロリアンの世界デスカ……」


二郎詣での2日目もマルクスは麺と格闘しながら、米国でマーケティングを教わった指導教官の言葉を思い出していた。

「マルクス、キミの知識は素晴らしい。でもこのままでは〝評論家〟のままだ」

古今東西の理論を知り尽くしている点で、マルクスは大学でも一目置かれていた。そんなマルクスに指導教官はこう伝えたのである。

「このままじゃ単なる物知り博士なだけだよ。マーケティングの世界で大成したいのなら、ビジネスの現場を知るべきだ。できれば海外がいい。オススメはジャパンだ」

「ジャパン？　衰退する国デス。ホワイ？」と聞くマルクスに教官は笑顔で答えた。

「確かにジャパンは今、低迷している。でもそのうち成長すると私は見ている」

そして来日早々、日吉から「アナタの言うことは全部『机上の空論』。現場では1ミリも役に立たないわ」と、指導教官と同じことを激しい言葉で言われた。薄々わかっていた自分の問題を指摘され、つい感情的になったマルクスは落ち込んでいた。

（デキン……。クビってことデスネ……）

そう思いながらやっと食べ終えた「小」の器をカウンターに戻したその時、マルクスの横に座っていた小柄な女性が「ごちそうさま〜。大ぶたダブル美味しかったぁ」と言いながら、マルクスが戻した「小」の1・5倍はある「大」の器を戻した。

聞き慣れた声にマルクスが思わず振り返ると、そこには日吉慶子がいた。麺との格闘に夢中で隣に誰がいるか気付いていなかった二人は、同時に声をあげた。

「オーマイガッ！　ケイコサンじゃないデスカ！」

「うわッ、マルクス！　なんでここにいるの？」

小柄で細身な日吉の姿からは想像もできないが、日吉は女子高時代から大学生時代まで学校の近くにあるラーメン二郎の三田本店に週に数回通い、「大ぶたダブル」を完食し続けていた筋金入りのジロリアン。今日も「お腹が空いたまま考えるとネガティブになる」と、半休を取って渋谷から三田本店にやって来たところだった。

マルクスを見た日吉はいきなり立ち上がり、90度直角のお辞儀を決めた。

「ごめんなさい。『出禁』なんて言い過ぎました。戻って来てください」

戸惑ったマルクスは、「ケ、ケイコサン。ホワイ……」と返すのがやっとだった。

「私が尊敬する経営者の一人が、二郎のおやっさんなの。あ、おやっさんってこの三田本店の店長ね。おやっさんの経営哲学は、あの張り紙にあるわ」

日吉が指さした先にある張り紙には、こう書いてあった。

ラーメン二郎 三田本店 社訓
1、清く正しく美しく、散歩に読書にニコニコ貯金、週末は釣り、ゴルフ、写経
2、世のため人のため社会のため
3、Love & Peace & Togetherness
4、ごめんなさい、ひとこと言えるその勇気
5、味の乱れは心の乱れ、心の乱れは家庭の乱れ、家庭の乱れは社会の乱れ、社会の乱れは国の乱れ、国の乱れは宇宙の乱れ
6、ニンニク入れますか?

「特に4番目は私のモットーなの。間違ったら『ごめんなさい』って認めなきゃ」

「オーマイガッ！　二郎には人生で大事なことがすべてあるんデスネ！」

「マルクスは、うちのチームに絶対必要。戻って来てくれる？」

「イェス！　もちろんデス！　ところでケイコサン、質問していいデスカ？」

「何？」

「ケイコサンのどこに、あの『大ぶたダブル』が入るんデスカ？」

マルクスとオフィスに戻った日吉は、小杉に声をかけて打合せを再開した。

日吉が正直に、マーケティングの本を買い込んで情報を集めて分析を始めたものの、情報が多過ぎて何をすればいいかわからないことを話すと、マルクスが答えた。

「マーケティングを学び始めたのは、とてもいいデスネ。問題は『分析麻痺症候群』に陥ったことデス。分析する情報が多過ぎて感覚が徐々に麻痺すると、根本の『戦略を立てること』をすっかり忘れて、ただ分析しているだけの状態になることデス。マーケティングを始めると、真面目な人ほど、一度はこうなりマス」

「うわっ。まさに私だ」日吉は頭を抱えた。

「分析も大事ですが、それだけじゃダメデス。**お客を観察して学ぶことデス。でもお客の言う通りにしてもダメデス。ここが微妙に難しいんデス**」

「お客を観察して学べ？　でも言う通りにはするな？　頭が混乱するわ」

マルクスは、オフィスにあるデスクライトを指さして、続けた。

「たとえばデスクライトの新商品を考えるとしマス。機能や価格はどうしマスカ？」

小杉がスマホでデスクライトを検索しながら答えた。

「使いやすくしたり、ＬＥＤで省電力にしたりとか、かなぁ。価格は３０００円から５０００円が多いから、そのくらいでしょ」

マルクスも自分のスマホを検索して二人に見せた。

「世の中には４万円のデスクライトがありマス。しかもこの製品、売れてマス」

「高ッ。どんなモノ好きが買うの？」

スマホ画面には「Balmuda The Light」という製品が表示されていた。

「Balmudaの寺尾玄《げん》社長はデスクライトを使って勉強する自分の子どもを見て、頭の影で手元のノートが見えづらいことに気付きマシタ。『これでは目が悪くなる』と考えて、影ができない方法を探して発見したのが、病院の手術室にある手術灯デス。手術灯は、手術中でも手元に影ができない光をつくってマス。そこで子どもの目を守るために、手術灯の技術で影が出ないようにして、太陽光ＬＥＤでブルーライトもカットしてつくったのがこの製品デス。**子どもの目を守りたい両親や祖父母は少々高くても買いマス。**この事例から

「ウォンツ」を探せ！ ニーズ対応では消耗するだけ

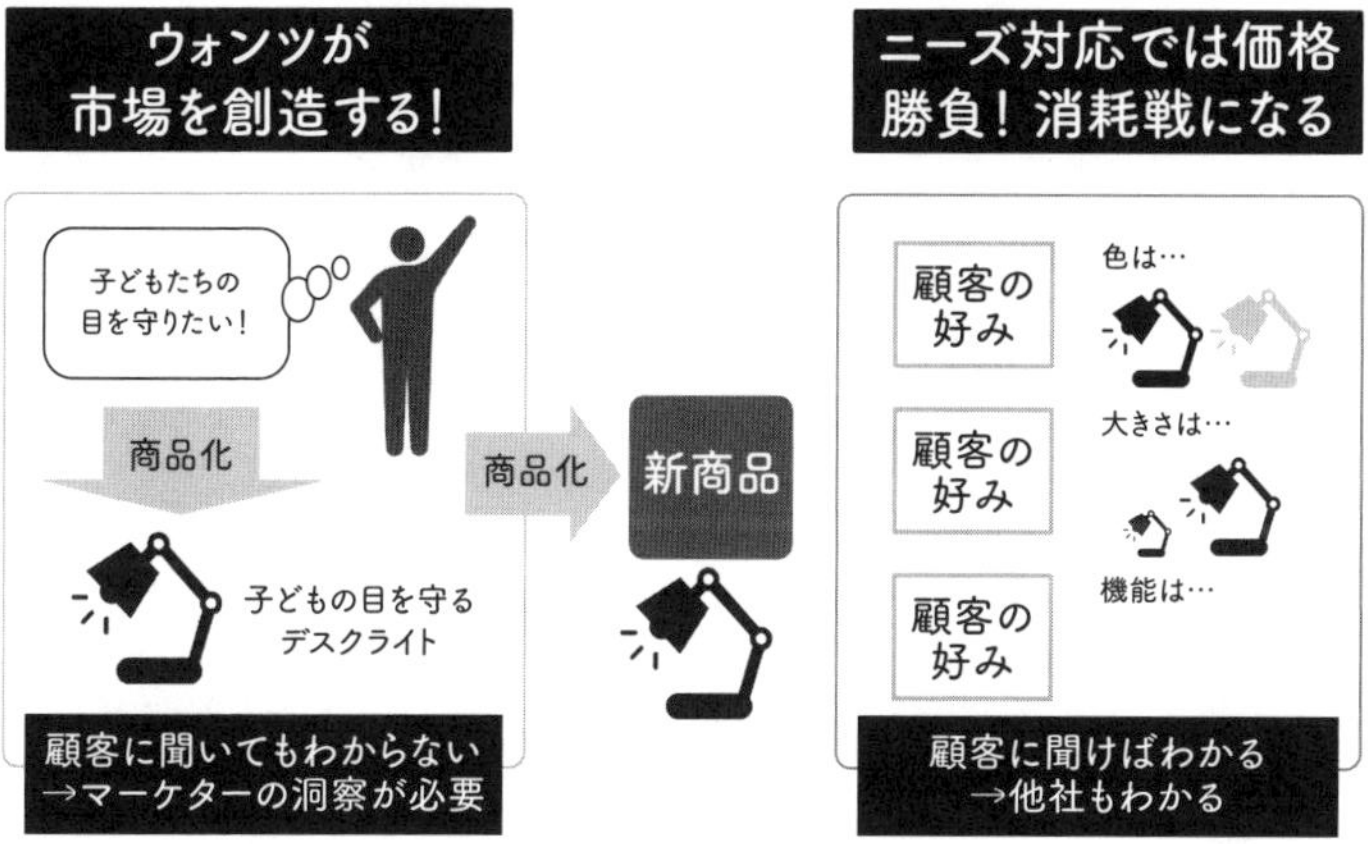
ウォンツが
市場を創造する！
子どもたちの
目を守りたい！
商品化
子どもの目を守る
デスクライト
顧客に聞いてもわからない
→マーケターの洞察が必要
商品化
新商品
ニーズ対応では価格
勝負！ 消耗戦になる
顧客の
好み
色は…
顧客の
好み
大きさは…
顧客の
好み
機能は…
顧客に聞けばわかる
→他社もわかる

学べるのは、**ウォンツとニーズの違い**デス」

話を聞いていた日吉は首を傾げた。

「ウォンツとニーズ？　日本語だと、両方とも『お客の要望』よね」

「**ウォンツは『世の中にないけど本当はお客さんがほしいモノ』**デス。世の中にないので、お客に『ウォンツは何デスカ』と聞いても教えてくれマセン。寺尾社長は『子どもの目を守りたい』と考えて世の中にない製品をつくりマシタ。ウォンツは寺尾社長のようなつくり手が洞察して初めて見つかりマス。ウォンツが新市場を創造しマス」

「じゃあ、ニーズは？」

「製品が出るとお客は『白が好き』『軽くして』と言い始めマス。これがニーズ、つ

製品企画は「自分」に問い続けよ

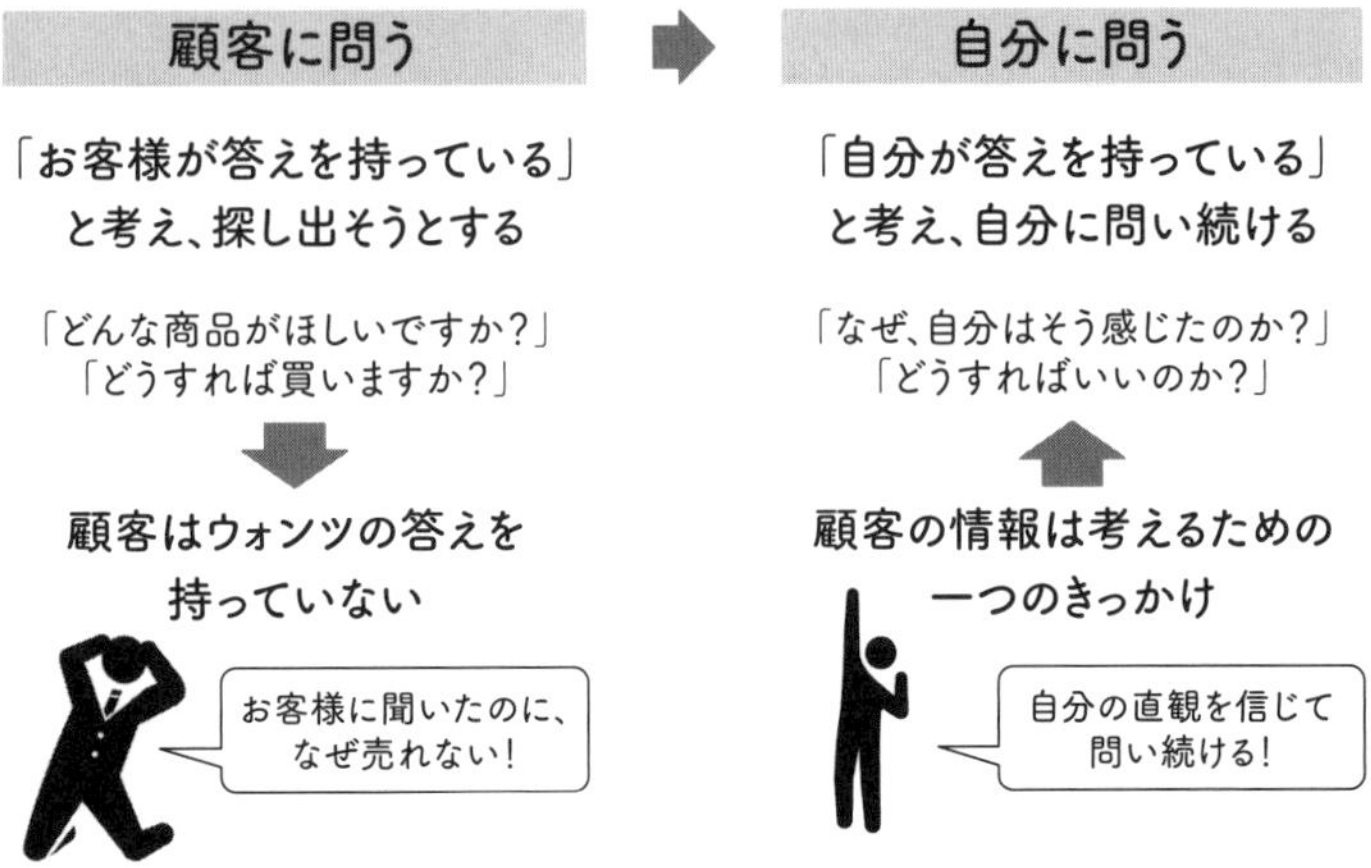
顧客に問う
「お客様が答えを持っている」
と考え、探し出そうとする
「どんな商品がほしいですか？」
「どうすれば買いますか？」
顧客はウォンツの答えを
持っていない
お客様に聞いたのに、
なぜ売れない！
自分に問う
「自分が答えを持っている」
と考え、自分に問い続ける
「なぜ、自分はそう感じたのか？」
「どうすればいいのか？」
顧客の情報は考えるための
一つのきっかけ
自分の直観を信じて
問い続ける！

まりお客の好みデス。**ニーズはお客が教えてくれマス。**でも、ニーズ対応だけでは他社との競争になり、待っているのは値下げ合戦の消耗戦デス」

「うわッ。まさにウチが陥っている状況だわ。カギはウォンツの発見ってことね」

日吉が言うと、マルクスはうなずいた。

「お客が教えてくれるのはヒントだけデス。**ウォンツのヒントは、①お客を観察して、②自分で考え続けると見つかりマス。**寺尾社長も子どもを観察して『目が悪くなる』と気付き、考え続けマシタ。**問うべき相手はお客ではなく、自分デス**」

「でも具体的に何すればいいのか、正直わからないわ」

日吉が尋ねると、マルクスが答えた。

「イノベーションを起こすんデス」

思わず日吉は仰《の》け反《ぞ》った。

「ムリムリ。ウチにはそんな技術も研究室もないし」

今度はマルクスが天を仰いだ。

「オーマイガッ！　日本人がイノベーションを誤解しているというのは本当デスネ！　イノベーションは技術とは無関係デス」

「そんなワケないわ。**イノベーションの日本語は『技術革新』**よ」

「それは**有名な誤訳**デス。1958年に経済白書で『イノベーション』を『技術革新』と翻訳したのがきっかけデス。当時の日本は技術立国を目指したのでそう訳したのかもしれマセン。でも間違いデス」

マルクスはホワイトボードに大きな円を二つ描いて説明を続けた。

「100年前に経済学者シュンペーターがイノベーションの概念を提唱しマシタ。イノベーションは**『新結合』**で生まれるんデス。**既存知と既存知を、新しい方法で組み合わせて、新しい価値を生むことがイノベーション**デス」

マルクスは『新結合』と書いた部分を手で示しながら話を続ける。

「18世紀、ワットが蒸気機関を発明しマシタ。でも、蒸気機関だけでは社会は変わりませ

イノベーションとは「新結合」である

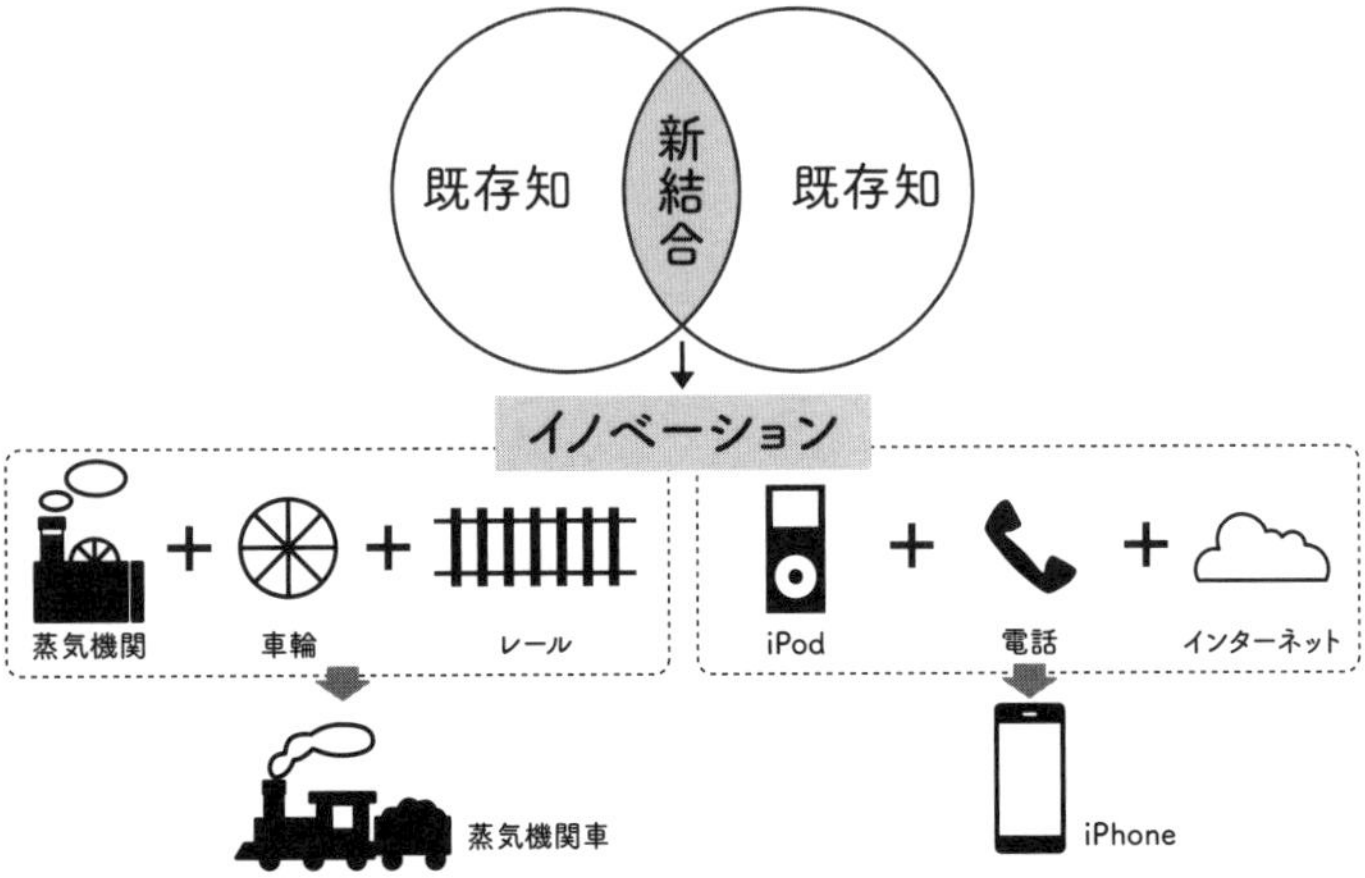

んデシタ。蒸気機関が鉄の車輪と鉄のレールと新結合して、蒸気機関車というイノベーションが生まれて、大量輸送が可能になって社会が変わりマシタ。ｉＰｈｏｎｅもそうデス。登場した時、多くの専門家が『ｉＰｈｏｎｅには新技術がないからたいしたことはない』と言いマシタ。確かに、タッチパネル付きｉＰｏｄ、携帯電話、インターネット用デバイスという三つの既存技術を新結合したｉＰｈｏｎｅには、新技術はありマセン。でも、『身に付けて、アプリでどこでもすぐに数多くの便利なサービスを使える』という新しい価値を生んで、社会を変えたイノベーションになりマシタ」

　黙って話を聞いていた日吉が口を開いた。

「つまり、**『お客が何で困っているか』というウォンツを考えて、それを解決するために、既存のモノで新しい組み合わせをつくればいい**ってこと？」

「イェース！　その通りデス」

「でも、そんなに簡単にいくとは思えないんだけどなぁ」


その日の夜、日吉は自宅でジャージ姿になってくつろぎながら、スマホを見ていた。

「今日も頑張ったし、お腹も空いたわ。うん。お肉が食べたいなぁ。リブロースステーキ400グラム。これで決まりね。ライスとスープとサラダも付けよう」

そう言いながら、スマホでウーバーイーツを注文した。料理をしない主義の日吉はコロナ禍以後、自宅でウーバーイーツが基本である。

30分後、ステーキ、スープ、大盛ライス、サラダが届いた。すごいボリュームだが日吉にとってはいつもの量である。ステーキをモグモグ食べながら、日吉はふと気が付いた。

「あれ？　ウーバーって、もともと自分のクルマで稼ぎたい人と、移動したい人を繋げる配車アプリよね。この仕組みを使って、料理を宅配したい店と配送員を繋げて、私もこうして自宅でステーキを食べられるわけか……。これって、**ウーバーの配車の仕組みを、食事のデリバリー用に新結合している**ってことよね……」

ウーバーにレストラン・食べたい人・配達員を
新結合して生まれたウーバーイーツ

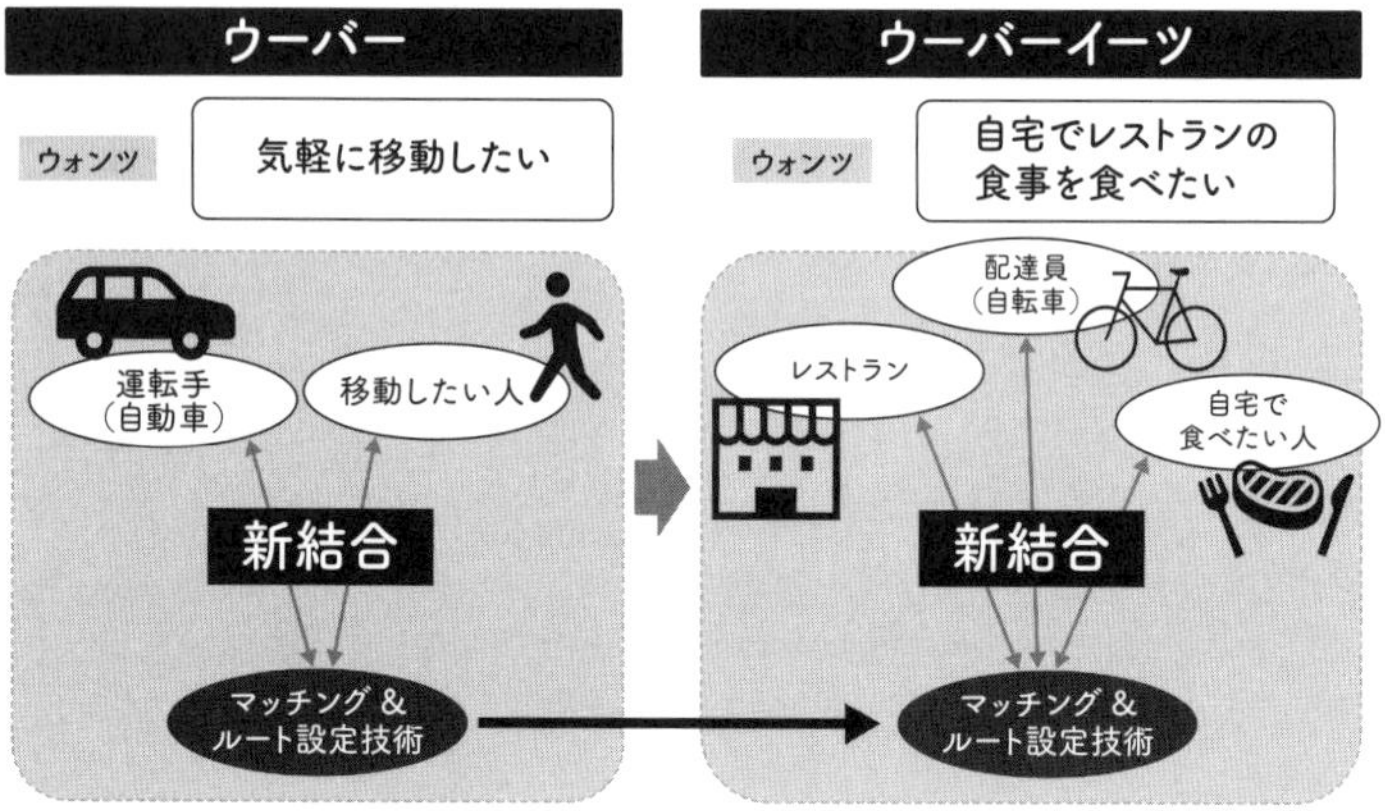

晩酌のワイングラスをグイッと空けて、日吉はパンッと膝を叩いた。

「コロナ禍で在宅していて初めてウーバーイーツを使った時は『こんなサービスがほしかった！』って思ったけど、これがまさに**ウォンツを発掘して、既存技術を組み合わせて、イノベーションを実現する**ってことなのね。なるほど！」

翌日、日吉はマルクスと小杉に話した。

「つまり、お客のお困りごとを見つけて、既存の仕組みを新しく組み合わせて解決できないかを考えればいい、ってことね」

「そうデス。でもそれだけではイノベーションは起きマセン」

「え？　なんでそうなるの？」

「顧客の行動変容」によってイノベーションが起こる

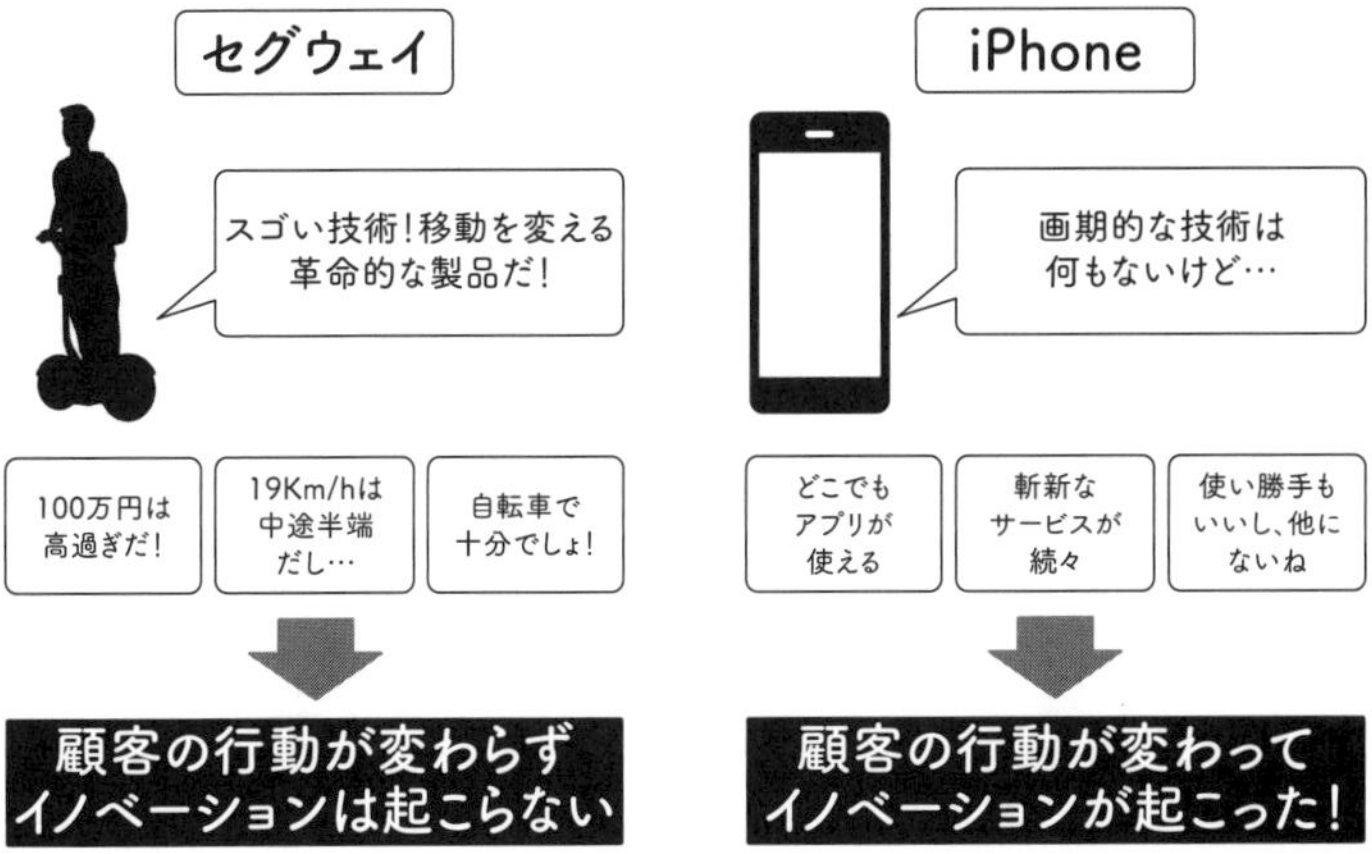
セグウェイ
スゴい技術！移動を変える革命的な製品だ！
100万円は高過ぎだ！
19Km/hは中途半端だし…
自転車で十分でしょ！
顧客の行動が変わらずイノベーションは起こらない
iPhone
画期的な技術は何もないけど…
どこでもアプリが使える
斬新なサービスが続々
使い勝手もいいし、他にないね
顧客の行動が変わってイノベーションが起こった！

日吉は首を傾げた。

「かつてビル・ゲイツやジョブズが『人の移動を変える革命的製品』と絶賛した製品がありマシタ。『セグウェイ』デス。ボードに二つ車輪が付いて立ち乗りできる乗り物デス」

マルクスはスマホで検索して、セグウェイの写真を日吉と小杉に見せた。

「でも大失敗デシタ。１００万円もするのに時速19キロしか出ず、乗る場所も限定され、人々の行動が変わりませんデシタ」

「でも、セグウェイって、最近流行っている電動キックボードのＬＵＵＰ《ループ》に似てない？」

小杉が言うと、マルクスはうなずいた。

「そうデス。セグウェイと違って、**LUU**

Pはシェアサービスで安く使えマス。さらに交通法の改正に合わせて利用ルールも明確にして、安全性も向上させマシタ。こうしてLUUPは現代のモビリティサービスとなって、広がりマシタ」

「なるほどね。**お客が使える環境づくりがポイント**なのね」日吉が納得した。

「セグウェイと違って、iPhoneには画期的な新技術はありマセン。でも、どこでもアプリが使えて、メルカリやウーバーなどの斬新なアプリが次々登場して、人々の行動を変えマシタ。**成功の条件はお客の行動が変わることデス。行動変容が必要なんデス。そのためには、お客が困っている悩みを見つけて解決し、採用してもらえばいい**んデス」

するると日吉の目が光り始めた。

「なるほどね。新製品開発は意外とシンプルで単純ね。こうしちゃいられないわ」

日吉はいきなりバッグを抱え、オフィスを飛び出していった。

「ケイコサン、どこへ行ったんデスカ?」

キョトンとしたマルクスの横で、小杉が醒めた目をしてつぶやいた。

「日吉があなると、もう予測不能なんだよ」

Story 3

反対派だらけのAirbnbが大成功した理由

——顧客開発モデル

翌朝、マルクスと小杉のスマホに日吉からメッセージが届いた。

『今日は朝10時から、オンラインで作戦会議！　よろしくね』

マルクスと小杉が10時にオンライン会議へ参加すると、日吉がいた。

「ヤッホー！　今、シリコンバレー！　こちら、午後6時よ」

「は!?　なぜシリコンバレーに？」

「やっぱり『イノベーション』っていえば、シリコンバレーでしょ」

状況がつかめずにチンプンカンプンの二人に、画面上の日吉は（なんで当たり前のことを聞くの？）という顔で答えた。

昨日オフィスを飛び出した日吉は、成田空港に向かう電車の中でサンフランシスコ行きの便を予約し、その日のうちに現地入りしたという。

小杉は（やはり予想の斜め上を超えてきたか……）と思いながら尋ねた。

「で、どこに泊まっているの？　ホテルじゃなさそうだね」

「ホテルが満室で、Ａｉｒｂｎｂ《エアビーアンドビー》で見つけた郊外の良さげな一軒家に泊まっているわけ」

「シリコンバレーで、どこに行くの？」

「イノベーションっていえば、やっぱりグーグル？」

「アポは？」

「ないわ。飛び込み。何とかなるでしょ」

「訪問のアテもないのに、いきなりシリコンバレーに行ったのか――」

小杉は呆れていたが、日吉はまったく気にしていない。

「それよりもこの家、すごいの。Airbnbが創業した頃からお客さんを泊めているんだって。さっきホストファミリーと一緒に夕飯を食べながら話を聞いたの」

小杉が「へぇ〜」と興味なさそうに返事する横で、マルクスが声をあげた。

「それこそ『売れる製品開発』の生きた事例デス。詳しく教えてクダサイ」

「え、そうなの？　ええとね……」日吉は話し始めた。


Airbnbは宿泊したい人（ゲスト）と、部屋や家を貸したい人（ホスト）をマッチングして、自分の家や部屋をオンラインで貸し出せるサービスである。2008年にサンフランシスコで創業して、2023年には売上99億ドル（1兆5000億円）、時価総額700億ドル（10兆円超）になるまで急成長した。

ただ創業した頃は「見ず知らずの人の家に泊まる物好きはいないから失敗する」と言われていた。しかし創業者たちは**簡単な実験で**最初から成功を確信していた。

創業の1年前、彼らはお金がなく困っていた。アパートの家賃が値上がりし、支払期限は翌週に迫っていた。銀行口座預金を見たら150ドル足りない。家主から立ち退きを勧告された彼らは、お金が早急に必要だったのだ。

その頃、サンフランシスコでは大イベントの予定があり、ホテルが足りず宿泊料金が高騰していた。彼らのアパートには広い寝室が三つあり、キャンプ旅行から持ち帰ったエアベッドもあった。そこでこう考えた。

「寝室にあるエアベッドを朝食付きで提供すれば、お金が入るかも」

さっそく「エアベッド&ブレックファスト」というサービス名で簡単なウェブサイトを立ち上げ、一晩80ドルで泊まれるエアベッドを三つ掲載した。イベント主催者に頼んでウェブサイトを宣伝してもらうと、すぐに予約が入り、彼らは家賃を無事払えた。

そして彼らは**「見ず知らずの人の家に、お金を払って泊まる人はいる」**という誰も知らない大きなビジネスチャンスを見つけた。これが快進撃のきっかけだった。

翌2008年に会社を立ち上げ、2009年には社名をAirbnbに変更。2009年は宿泊ゲスト数2万1000人。2010年は14万人、2011年には80万人と、ビジネスは急成長していった……。

話を聞いていたマルクスが興奮して話し始めた。

「まさに売れるパターンデス。Ａｉｒｂｎｂは『**製品開発モデル**』ではなく、『**顧客開発モデル**』で考えて、成功したんデス」

「それって何が違うの？」

日吉が首を傾げて尋ねた。

「『製品開発モデル』は従来の製品開発の方法デス。『こんな製品をつくろう』と考えて製品を開発しマス。でもこの方法は、お客が買うかどうかを確認せずに開発しマス。バクチデス。この方法では売れない商品もたくさんつくってしまいマス」

マルクスは図を描いて説明を続けた。

「『顧客開発モデル』は、**お客が本当に買うかを実験して、『買う』とわかれば投資しマス。**Ａｉｒｂｎｂも『見ず知らずの人の家に、お金を払って泊まる人がいる』ことを検証してから、一気に資金調達して大きく成長しマシタ。だから確実なんデス」

小杉が尋ねた。

「その『顧客開発モデル』って、日本でもうまくいくの？」

「イエース。ムサシサンは入社した時、社会保険の書類を書いたのを覚えてマスカ？」

小杉が記憶を辿りながら答えた。

「そう言えば、『氏名とか住所とか何回も書かせないでよ～』と思いながら、やたらと書

「製品開発モデル」から「顧客開発モデル」へ

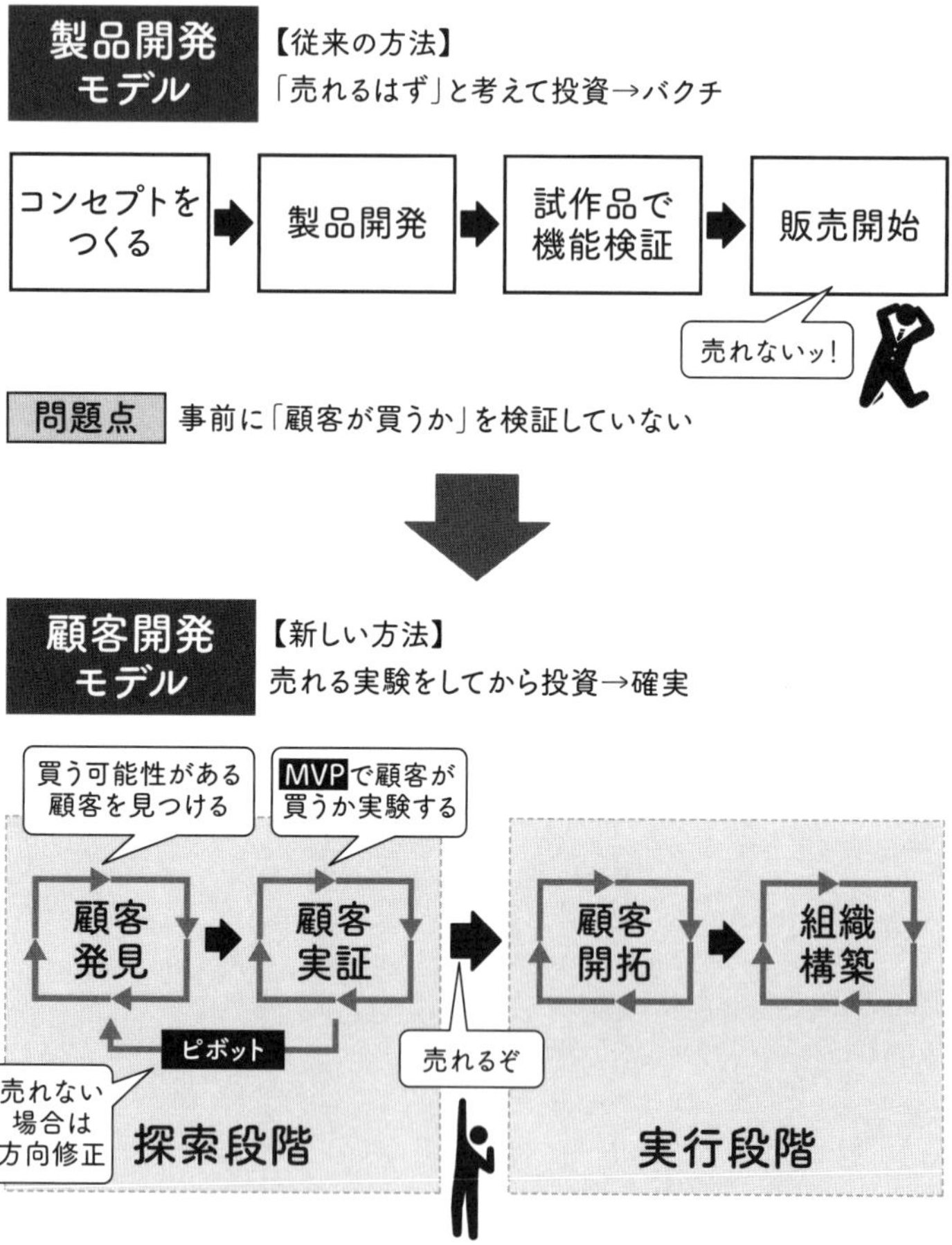

「顧客が買う」と検証できたら本格的に投資する

出典:『アントレプレナーの教科書』(スティーブン・G・ブランク著/翔泳社)を参考に著者が作成

類を書かされた気がするなあ」

「その手書き書類は、会社の人事部門が集計して、雇用保険の手続きも追加して役所に申請しマス。日本の社会保険の手続きは超面倒で、退職や採用のたびにこの作業が必須デス。しかも、人事部門では日常業務デス」

日吉が「うわぁ。そんな仕事、私、ゼッタイにムリ！」と顔をしかめた。

「ＳｍａｒｔＨＲは、ここに目を付けマシタ。氏名や住所を1回入力するだけで、役所に行かずに電子申請できるカンタンな仕組みをつくったんデス。これを見た人事担当者は、ほぼ全員『これは助かる。すぐ使いたい』と言いマシタ」

小杉は「なるほど」と声を出した。

「これって『ウォンツ』、つまり『ほしかったけど、ありそうでないモノ』だね」

「イエス！　ＳｍａｒｔＨＲはサービス開始1年で顧客を2000社以上獲得しマシタ」

オンライン会議の画面にいる日吉が言った。

「でも、デジタルの世界の話ばかりで、リアルな世界の感じがしないわね」

マルクスがうなずいた。

「そうデス！　**今はリアルなビジネスでもデジタルは必須の武器**になるんデス。Ａｉｒｂｎｂは宿泊業を、ＳｍａｒｔＨＲは手作業の人事業務を、デジタルで大きく変えマシタ。

デジタルを使えば、作業を自動化して、ムダもなくなり、大きな価値を生み出せマス」

「そうか。『デジタルはイヤ』なんて言ってると、淘汰されるわね」

小杉がマルクスが描いた図（62ページ）を見ながら尋ねた。

「ここにある『**MVP**』って何？」

「お客が『これ買いたい』と思うモノのことで、『実用上最小限の機能を持った製品（Minimum Viable Product）』という意味デス。Ａｉｒｂｎｂの ＭＶＰは『エアベッドと朝食』、ＳｍａｒｔＨＲは『社会保険申請の仕組み』デス。**新規事業開発で大事なのは、MVPをつくって実際にお客が買うか検証すること**デス」

日吉もマルクスが書いた図を見ながら尋ねた。

「この図にある『**ピボット**』って？」

「ＭＶＰが売れないこともよくありマス。その場合は方向を大きく修正して、ＭＶＰをつくり直しマス。これがピボットデス」

しかし日吉はまだ納得していない様子だった。

「でも、これまでの『製品開発モデル』でも、お客に意見を聞いていたんじゃないの？」

「こんな話がありマス。食器メーカーが主婦を集めて『どんな皿がほしいか』を話し合ってもらいマシタ。主婦たちは『黒くて四角い皿がいい』と言いマシタ。でも、食器メーカーが主婦たちに『お礼に好きな皿をお持ち帰りください』と言うと、主婦たちは『白くて丸い皿』を選んだんデス。オーマイガッ！　言うこととやること、真逆ジャナイカ！」

「なんでそうなるの？」

「主婦たち曰く、『考えてみたら、自宅にあるのは丸くて白い皿ばかり』『自宅のテーブルは木目だから、黒じゃ食事が映えない』。**お客が言うコトと、実際に買う行動は違いマス。**『買う』と言っても、実際には買わないことも多いんデス。つまりインタビューでは、本当に買うかは検証できマセン。でも**『お金を出して実際に買う』のはお客が買う最強の証拠**デス。MVPで実験して、この証拠を見つけるんデス」

「じゃあ、そのためには何をすればいいの？」

マルクスは即答した。

「**課題を磨き抜く**んデス。Airbnbは『ホテルが見つからない』という人たちの課題を見つけて、『エアベッドと朝食』というMVPで検証しマシタ。SmartHRも『社会保険申請が面倒』という人事担当者の課題を見つけて、『社会保険を電子申請できる仕組み』というMVPで検証しマシタ。まず『お客が誰で、課題は何か？』を見つけることデス。でも**多くの人は、間違って『解決策』を真っ先に考える**んデス。オーマイガッ！」

「私たちは解決策を提供するんでしょ。なんで解決策から考えちゃダメなの？」

「この前話したセグウェイはまさにそう考えて失敗しマシタ。『人の移動を変革する画期的な製品をつくる』という解決策だけを考えたんデス。この考え方を『**製品志向**』といいマス。本来は『誰がどんな移動の課題で困っているか』を考えて、次にその解決策を考えるべきデス。これが『**顧客志向**』デス」

日吉は「まず顧客の課題の理解か……」と言って考えた後、口を開いた。

「それなら、私たちも手分けしてお客さんの課題を考えてみるのはどうかな？」

するとマルクスが困った顔をした。

「ボク、日本に来たばかりで、日本のお客のことは、全然ワカリマセン」

「確かにそうね……。この前、ローラー作戦でお客さんを200件回った時、会話を記録してるわ。まずは皆でそれを読んで、気が付いたことをメッセージでやり取りしない？」

オンライン会議を終えた日吉は、さっそくパソコンでローラー作戦の訪問記録を読み返した。あらためて読むと、顧客は様々な悩みを口にしていた。

「予算が足りないんですよねぇ」

「人手不足で、とにかく忙しくてさ」

「ウチの情報システムが複雑で、手に負えないんです」

日吉は痛感した。（今まで売り込みしか頭になかったから気付かなかったけど、本当に困りごとばかり。実はこれって、新規事業のネタだったのね！）

一方のマルクスは、早々に頭を抱えて叫んだ。

「オーマイガッ！　ゼンゼンわからナイ！」

ローラー作戦の訪問記録には知らない日本語ばかり。小杉に尋ねようとしたが、小杉は「調べたいことがある」と言って消えてしまった。仕方なくマルクスは、日吉と小杉にスマホでメッセージを送った。

『訪問記録に書いてある『ひとり情シス』って、なんデスカ』

小杉からすぐにメッセージが返ってきた。

『中小企業はヒト・モノ・カネがない。だから日本では担当者が一人で情報システムをすべて管理することが多いんだ。これを『ひとり情シス』って呼ぶんだよ』

マルクスは「オーマイガッ！」と頭をかきむしりながら小杉に返した。

『大事な情報システムをたった一人で？　大問題デス！』

米国にいる日吉は、二人のやり取りをスマホで見ながら考えていた。

（確かに中小企業のお客さんって情シス担当者がいつも一人だから、私たちは「ひとり情シスは当たり前」って思ってたけど、これは大問題よね。でも「ひとり情シスを解決しましょう」って言っても、原因が色々あり過ぎて、何か違う気もするなぁ）

あらためて訪問記録を見ながら、日吉は考えた。

「そもそも、どの課題に対応すればいいの？　やっぱり一番多い要望かなぁ」

日吉は、試しに要望をカテゴリー別に分類してみた。

・とにかく忙しいので何とかしてほしい　45件
・一人で全部やらなければならないので辛い　44件
・セキュリティが不安だ　40件
・予算が厳しい　38件

日吉はますますわからなくなり、頭を抱えた。

（これで何すればいいの？　うーん、二人に相談だなぁ）

さっそく日吉は「オンライン会議できる？」とメッセージすると、マルクスはすぐ「もちろんデス」、小杉からは「もうそちらは真夜中でしょ。寝ないの？」と返事が来た。しかし時差ボケのためか、日吉は全然眠くならない。

オンライン会議で、日吉が二人に分析結果を説明した。

「一番多い要望に対応すべきよね。どうすればいいんだろう？」

マルクスが頭をブンブン振って答えた。

「全然逆デス。**『違和感がある少数の意見』を見つける**んデス」

「違和感がある少数の意見？　少数意見なんて、無視でいいでしょ？」

「逆デス。こんな話がありマス。花王のある若手社員が、シャンプーへの要望500件の中で、3件だけ『髪を軽くしてほしい』という意見を見つけマシタ。違和感がある表現なので調査すると、皮脂や整髪料で本当に髪が重くなることがわかりマシタ」

「確かに、私も髪が重いなぁ、って感じることがあるから、何となくわかるわ」

「『髪を軽くするシャンプーがあれば売れる』と考えた若手社員は、1983年に、軽い洗い上がりになる『ピュアシャンプー』を製品化して大ヒットさせマシタ」

小杉が納得して言った。

「確かにそういう少数の意見は、ライバルもなかなか気付かないよね」

「その通りデス。多数派意見への対応では単なるニーズ対応になり、最後はライバルと泥沼の価格勝負デス。**違和感がある少数の意見からウォンツを見つけるべき**デス」

「そうだとしたら、もう一度、キチンとリストを見直す必要があるわね」

日吉が考え込むと小杉が話し始めた。

「実はリスト上に『クラウドサービスで困ってる』ってコメントが3件あるんだよね」

「それって変よね。クラウドサービスって、便利だから使うんじゃないの？」

「だよね。だからこの人たちに連絡して、オンラインで話を聞いてみた」

「小杉クンって、そんなに仕事速かったっけ？」

小杉は（今は、無茶振りするお前が日本にいないしな）と言う言葉をかろうじて飲み込んで、話を続けた。

「で、許可をもらって会話を録画したんだよ。再生してみるよ」

小杉はそう言って、録画動画を再生して、日吉とマルクスに見せた。

・**ヨセミテ商会の情シス担当**　『毎月、クラウドの合計料金を見るのが冷や汗もんなんです。営業部も業務部も、勝手にサブスク契約するんですよねぇ』

・**越中製作所の情シス担当**　『各部署のクラウド契約が無尽蔵に増えるんです。全社で総額いくらなのかすらわからず、どれが必要でムダかも不明で、怖くて解約できません。情シスは僕一人なので、対応はムリです。社長に相談したら「じゃあ、全部残しておけ」って言われました』

・**オホーツク飲料の情シス担当**　『各部門で使っているクラウドサービスがバラバラ過ぎて、管理も無茶苦茶。誰が何を使っているかも全然わかりません。機密データも入っているので、いつか大問題になるんじゃないかと、戦々恐々です』

動画にジッと見入っていた日吉は「なるほどねぇ」と深く納得した。

「これが『クラウドで困っている』って意味なのね。『ひとり情シス』でこんな状況に対応するなんてムリよね。それに、これは話を聞かないと、絶対にわからないわ」

マルクスは興味深そうに言った。

「これってスジがいい感じがしマセンカ。この課題はもう少し掘り下げてミテハ？」

「ところでこっちはもう午後8時を回ったよ。日吉、大丈夫？」

小杉に言われて日吉は窓を見ると、夜空が白み始めていた。16時間遅れのカリフォルニアは午前4時だ。急に睡魔が襲ってきた。

「そうね。じゃあ、続きは明日。そっちの時間で朝10時ね」

会議は終了。日吉はそのまま隣にあったベッドに転がって熟睡した。


日吉が気付くと午後4時だった。

（ここはどこだっけ。そうか。私、シリコンバレーに来てたんだ。今日はグーグルに突撃してアポなし見学する予定だったけど、すっかり寝ちゃったわ」

ふと気付くと、ベッドの脇にある机の上に、サンドウィッチが置いてあった。

ずっと寝ている日吉を心配したAirbnbのホストが置いてくれたようだ。

サンドウィッチを見た瞬間、日吉は急に空腹なことに気付いた。日吉には物足りない量だが、それでも助かる。リビングにいたホストにサンドウィッチのお礼を伝えて、コーヒーを淹れて部屋に戻った日吉は考え始めた。

（そもそもクラウドのサービスって、どのくらいお金がかかっているの？）

日吉は、自分が実際にどの程度クラウドサービスを使っているか、調べてみた。

オンライン会議のZoomで約3000円、ワードやパワーポイントが使えるマイクロソフト365で約2000円……、メール、ファイル共有などでざっと15種類のサービスを契約していて、合計で月額3万円である。どれも当初は必要だから使い始めたが、そのうち1／3は今は利用しておらず、約1万円がムダな支出だった。意外と多い。

UDサービスの社員400人が同じように利用しているとすれば、会社全体で毎月400万円。年間でなんと5000万円近くのムダが生じていることになる。

（確かにスゴいムダだわ！　でも情シス担当者には、どれがムダかなんて判別できないわね）


午後6時（東京は朝10時）に再びマルクス、小杉とのオンライン会議が始まった。

日吉が年間約5000万円のムダの話を伝えると、マルクスが興奮して言った。

「ケイコサン、スゴいです。これこそ、本当はお客が必要なのに気付いていなくて誰も対応していない『ウォンツ』デス」

すると日吉が首を傾げて言った。

「でも、どうすれば解決できるのかな？」

そのひと言で一同は黙ってしまった。

日吉も（そもそもこんな難しい課題、解決できるの？）と考え込んでいた。

しばらくして小杉が「そう言えば……」とメールを検索しながら、言った。

「最近、ウチの情シス担当から『あなたは下記クラウドサービスを1年以上使っていません。ご返事がなければ、１週間以内に契約解除します』ってメールが届くんだよね。これって、この問題と関係してない？」

日吉も自分のメールを確認した。

「確かに、私にも今週届いているわ。これって、どんな仕組みなの？　メールの発信人は『情報システム担当　多摩川園子《たまがわその こ》』ってあるけど、この人、誰？」

「1年前に情シス担当者になった人だね。まさに『ひとり情シス』だ」

「多摩川さんか。その人がカギを握っているかも。聞いてみるわ」

日吉はさっそく、多摩川にメッセージを送った。

『はじめまして。日吉慶子と申します。今、新規事業を担当しています。多摩川さんのクラウドサービスの管理についてお話を伺いたいのですが、お時間はありますか？』

メッセージを送った日吉は、１秒後に「早ッ！」と小さな声をあげた。

速攻で多摩川から返事が戻ってきたのである。

『日吉様、はじめまして。私からは特にお話しすることはございません』

「これってほぼ着拒よね。多摩川さん、手強《てごわ》いなぁ……」

小杉が思い出したように言った。

「そう言えば、多摩川さんってなかなか人と会わないので有名なんだよ」

「多摩川さんって、どんな人なの？」

小杉曰く、多摩川はかつて技術部で部長待遇の上級エンジニアだったが、1年前に役職定年で降格。現在は社内の情報システムを一人で管理している、という。

以前の社内システムはトラブルや障害ですぐにシステムが止まっていた。しかし多摩川が情シス担当に就任してからは、トラブルや障害は皆無になっている。

「そう言えば、社内SNSに『多摩川園子ファンクラブ』があるんだ」

小杉はオンライン会議上にそのSNSを表示した。色々な声が掲載されていた。

「多摩川さん、仕事メチャ速い。マジでリスペクト」

「多摩川さん、ほとんど人とは話さない。基本デジタルコミュニケーションのみだ」

「でも普段何やっているのかよくわからないんだよね」

どうやら技術力は抜群に高いが、人付き合いが大嫌いな、気難しい人物らしい。

社内ネットの「自己紹介用プロフィール」には多摩川園子の写真が掲載されていた。シルバーヘアに、琥珀色の大きな眼鏡をかけた、細面で見るからに上品そうな女性だ。

（あれ、この人、どこかで見たことあるなぁ）

日吉は記憶を辿っていった。

SNSにはこんな情報も掲載されていた。

「多摩川さん、茶亭羽當でコーヒー飲んでいるのをよく見かける。意外とヒマそう」

（あ！　茶亭羽當によくいるあの人ね）

日吉は、いつも茶亭羽當の入口の席に座って、パソコンを広げて優雅にコーヒーを飲んでいる女性がいることを思い出した。あの女性が、多摩川園子だったのだ。

（でも、ひとり情シスって忙しいんでしょ。ヒマなのに情報システムが順調に動くなんて何か魔法でも使っているの？　クラウドサービスもちゃんと管理しているっぽいし）

疑問は膨らむばかりである。そこまで考えた日吉は、マルクスと小杉に言った。

「決めた。のんびりシリコンバレーを見学している場合じゃないわ。すぐに日本に帰って、多摩川さんに直談判します」

「え？　グーグルのアポなし見学は……」と言う小杉に、日吉は「そんなの、いつでも行けるわ」と言って、いきなりオンライン会議を切った。小杉は呆れてつぶやいた。

（日吉、相変わらずマイペースだな。そもそもシリコンバレーに何しに行ったんだよ？）

日吉はすぐに航空会社のサイトにアクセスして日本行きのチケットを手配。荷物をまとめ始めた。日吉の様子を見に来たＡｉｒｂｎｂのホストは、帰り支度をしている日吉を見て目を丸くした。

「オー、ケイコサン。ワッツ ハップン？」

「アイ マスト ゴー バック トゥ ジャパン ナウ」

日吉がニコッとしながら答えると、ホストは両手を広げて頭を振った。

「オー、アライブド ラストナイト、スリーピング トゥディ、アンド リーブ トゥナイト？ クレイジー！」

その場でウーバーを呼び出した日吉は、ステイ先のホスト宅を出てサンフランシスコ空港に向かい、日本行きの飛行機に飛び乗った。

Story 4

日本人は「創造的模倣」を恐れている

――新規事業立ち上げのポイント

日吉は帰国した翌朝、渋谷にある老舗カフェ・茶亭羽當に直行した。

入口近くの席に、シルバーヘアに琥珀色の大きな眼鏡をかけた多摩川園子がいた。

（あの人が多摩川さんなのね）

「いつもヒマそうにしている」という噂だったが、今日はパソコンに集中して高速タイプしていた。とても声をかけられる雰囲気ではないが、日吉は思いきって声を出した。

「失礼します。日吉慶子と申します。多摩川園子さんですよね。少しお時間をいただいてもよろしいですか？」

多摩川は日吉を1秒ほど無表情に見るとすぐ画面に目を戻し、高速タイプを続けながら答えた。

「いま手え離せへん。後にして」

日吉は言われた通り、店内で待機し続けることにした。

多摩川はランチも取らずに同じ姿勢でタイプし続けていた。6時間ほど経過した夕刻になってやっと一段落したのか、多摩川はパソコンを閉じて立ち上がった。

すぐに日吉が多摩川の席まで駆け寄り、「あの……」と声をかけると、

「まだおったんや。これから予定あるし、明日頼むわ」

つれない返事に日吉はガックリである。

（ランチも取らずに丸一日待っていたのに……。もうお腹ペコペコ）

日吉は渋谷にある二郎系ラーメン店に直行して、ぶたダブルアブラマシマシをガッツリ完食。周囲の学生もドン引く食べっぷりだった。

翌朝。（声をかけるなら、多摩川さんが仕事を始める前しかない）と考えた日吉は、開店前の茶亭羽當の入口で多摩川を待っていた。しかし、昼になっても多摩川は来ない。店内からパソコンを使って社内ネットを見ると、多摩川はオンライン上にいたが「仕事中・返信不可」状態で、メッセージも送れない。

その瞬間、日吉のパソコンが社内のネットワークに繋がらなくなった。

（困ったなぁ）と思った日吉は、会社のスマホ経由で、社内の情報システム窓口に「社外からパソコンでネット接続しているのですが、社内への接続が切れました」と問い合わせた。その数秒後、なんと多摩川自身からメッセージで返信が届いた。

「あなたのパソコンの社内接続ソフトが古いバージョンです。このサイトから最新版をインストールして、パソコンを再起動して下さい」

日吉が（もう、いるなら返事してよ）と思いつつ指示通りに対処するとすぐ修復できた。

「多摩川さん、ありがとうございます。直りました」

メッセージに返信してひと息ついた日吉がふと店内を見ると、いつの間にか多摩川がいつもの入口近くの席に座り、静かにコーヒーを飲んでいた。

（あれ？　なぜ？）

頭が「？？？」だらけになった日吉は、思わず立ち上がって多摩川に声をかけた。

「多摩川さん！」

多摩川は眼鏡に手を添えながら日吉を見て、言った。

「ひよ子、そこにいてたん。パソコン直ってよかったなぁ」

（ひ……、ひよ子？）

日吉は一瞬混乱したが（あ、「ひよし」だから私のことか）と気が付いた。

多摩川からやっとまともな返事が返ってきた。この機を逃したら、もう多摩川とは話せないかもしれない。思い切って尋ねた。

「コレってどうやっているんですか？」

「ふっ。バレてもうた。うち、雑用がほんま嫌やねん。情シスの問合せにイチイチ答えてたら雑用だらけで死んでまう。せやからＡＩで自動回答にしてんねん」

「そんなスゴい仕組み、どうやってつくったんですか？」

「そんなんカンタンやん。社員のパソコンやスマホの設定状態がわかるデータベースつくって、生成ＡＩで質問を分析して、回答や。こんなん、すぐできるて」

多摩川はたいしたことがなさそうに言うが、セールス担当だった日吉でも、超優秀ＩＴエンジニアが数人がかりで数カ月間かかる作業であることくらいはわかる。

（スゴ過ぎる。多摩川さんってスーパープログラマーなんだ……）

「情シスの仕事を引き受けて、最初の数日で全部自動化したんや。後はシステムとＡＩに任せてんねん。うちも忙しいしな」

「忙しいって……。何で忙しいんですか？」

多摩川は日吉慶子の顔を無表情でジッと見た後に、答えた。

「まあ、ボランティアかな」

「ボランティア？　ＮＰＯとかですか？」

「まぁ、似たようなもん」

多摩川はあいまいに答えた。今は踏み込まない方が得策のようだ。それよりも話すべきことがある。日吉は切り出した。

「私、新規事業開発チームのリーダーなんです！」

「で？」

「中小企業の『ひとり情シス問題』を解決するために、多摩川さんにお力を貸していただきたいんです。今、中小企業では使わないクラウドサービスがどんどん増えて、機密情報も管理不十分。私たちの調査ではUDサービス社内のムダなクラウドサービス契約だけで、年間5000万円近くがかかっています」

黙って日吉の話を聞いていた多摩川は、費用の話に「ほう」と反応した。

「ええ線やな。ウチの会社がムダなクラウドに払ってんのは、正確には年間7200万円や。職種別に見ると、たとえばセールスだけが使う営業管理クラウドとかもある。それらを全部入れると、クラウドサービス会社には結構なカネを払ってるんよ。新型コロナで企業のネットワーク化が一気に進んで、皆がクラウドを使い始めたことがきっかけやな。そこでうちは、社員のクラウド使用状況を確認する仕組みをこしらえて、ムダ金状態を『見える化』したんや」

日吉は驚いた。

「その仕組みも、多摩川さんがつくったんですか！」

「社外のクラウドを使う時にはな、ネットワーク上で社外クラウドを呼び出す信号みたいなもんが出んねん。その信号を自動で集めるプログラムをつくれば、一発でわかるで。うちは情シスの責任者やから、ムダなクラウドを使っている社員に事前警告して、1週間返事がなければうちの権限でクラウドサービスを契約解除して、ムダ金を削減してんねん。

1年前から社内で稼働してノートラブルや。その削減金額の合計が、1年間で7200万円ってこと」

「もしこの状態を放置したらどうなるんですか？」

「大問題やな。今どきの情報システムの多くはクラウド上にある。会社を辞めた人間のクラウド契約を解除せずに勝手にクラウドを使われたら、機密情報ダダ漏れやろ。でもこのシステムなら全部『見える化』して、シンプルに自動管理できる。うちが確認した範囲やけど、この仕組みは、うちがつくったシステムが現時点で世界で一番やろな」

「これ、多摩川さんが一人でつくったんですか？」

「そやで。この仕組みも、情シス担当になって最初の数日で自動化した作業の一つや。うち、雑用がほんま嫌やねん」

話をひと通り聞いて納得した日吉は、意を決したように切り出した。

「この仕組み、うちのお客様に売ってもいいですか？」

多摩川は興味なさそうに答えた。

「こんなん、売れるかな？」

「売れます。というよりも、私たち新規事業チームが売ってみせます」

多摩川は1、2秒ほど日吉をじっと見てから、答えた。

「あかんな。ウチの雑用が増えるだけや」

「雑用じゃありません！　うちの会社を世界一にする、大事な仕事です」

「そんなの、どうやって証明すんねん」

「困っている人がこんなにいるんです！」

日吉は顧客の分析結果を多摩川に見せた。そこにはヨセミテ商会、越中製作所、オホーツク飲料の情シス担当者のリアルな声が写真付きで載っていた。

「お客様は皆、『ひとり情シス問題』で困ってます。この問題を解決したいんです。これは、うちの会社を世界一にする第一歩なんです」

情熱的に訴える日吉を無表情で見ていた多摩川は、眼鏡に手を添えて言った。

「さっきから聞いていると、あんた、そもそも一つ大きな勘違いをしてへん？」

「え？　勘違い？」

「『ひとり情シス』は問題ちゃうわ。ただの現象やで」

予想もしない話に、日吉は頭が混乱した。

「え？　情シスを一人で管理するのって大変だし、大問題じゃないんですか？」

「ちゃうな。むしろ情シス担当者が何人もいて、スキルがバラバラな連中で業務を手分けする方が大変や。行き違いが起こって大騒ぎになるで。一人で管理すれば行き違いゼロでずっと楽や。それにＩＴは日進月歩で、より使いやすく高性能で安うなる。『ひとり情シス』ならむしろ自由自在や。せやからうちは『あんた役職定年な』って言われた時、『情シスの仕事、一人でやります』って手を上げたんや。最初の数日で自動化したから、その後の雑用は一切なしや。初めて理想の仕事環境を手に入れたわ」

「じゃあ、なぜ世間では『ひとり情シス』が問題になっているんですか？」

「スキルの低いもんが『ひとり情シス』になったら悲惨やろな。でもその問題は、その人のスキルがないことや。そのあたりの違いはしっかり理解してほしいとこかな。ＩＴ業界の連中が、何も知らん中小企業の経営者を『ひとり情シス問題、対応しないとあきまへんで』と不安がらせて、『これ買えば一発で解決でっせ』と製品売りつけることもようある。そんなことしちゃアカンやろ。知らんけど」

　日吉にとっては、初めて聞く話だった。

「それにな。そもそもうちのシステムで『ひとり情シス』の問題が解決して売れるなんて、あんたの単なる仮説やん。誰が証明すんねん。うちは社内の問題を解決するためにこの仕組みをつくっただけや。他のお客で使うことなんて想定してへん。あんたの仮説にいちいち対応してたら、うちの雑用が増えて、雑用だらけで死んでまうわ。話にならへん。じゃあ、うちはこれで失礼するわ」

そう言って立ち上がった多摩川の前で、日吉は両手を広げて立ちはだかった。

「待ってください。じゃあ証明すればいいんですよね」

上背がある多摩川の顔を、小柄な日吉は見上げて言った。

「お客様に多摩川さんが開発したシステムを使ってもらって、本当に役立つかを検証して、証明します。この検証のために、ぜひとも協力してください」

日吉はそう言うと、多摩川に向かって90度直角のお辞儀をした。

多摩川はその様子をしばらく無表情で見ていたが、やがて「ぷッ」と吹き出した。

「強引な子やなぁ。結局、うちの雑用が増えるだけやん」

日吉はそう言われても、「お願いします」と言って90度直角お辞儀を続けた。

「しゃあないな。試しに使ってええで。検証結果はちゃんとチェックしたげる」

日吉は上半身をハネ起こし、満面の笑顔で多摩川の手を握って言った。

「えっ、本当にいいんですか！　多摩川さん、ありがとうございます！」


日吉は渋谷のオフィスに戻ると、マルクスと小杉に一部始終を話した。二人はまず日吉が帰国していきなり2日間かけて多摩川と話を付けてきたことに驚き、さらに多摩川が一人でこのシステムを開発していたことに驚愕した。マルクスが言った。

「天才プログラマーは『一人で一〇人の仕事をこなす』と言われマス。ソノコサン、まさに天才プログラマーなんデスネ」

そう言われて、日吉も素朴な疑問が頭に浮かんだ。

（でも、なんで多摩川さんのようなすごい人がウチにいるんだろう？）

しかし今考えるべきは、次にやることだ。日吉は、マルクスに言った。

「……で、多摩川さんのシステムって、マルクスが言ってたMVPになるわよね？」

「そうデス！」

「こんなMVPでもいいの？　なんか、棚からぼた餅感がすごいんだけど」

「ノープロブレム！　日本人は、他人のアイデアを自分のビジネスに役立てることを否定的に考えがちデス。確かにお客の課題は真剣に考え抜くことが必要デス。でも**解決策は、使えるのならば他人のアイデアでも貪欲に取り入れるべきデス。言わば『創造的模倣』**デス！」

「創造的模倣？　模倣って単なるマネで、創造している感じがしないんだけど」

「日本人はもともと創造的模倣が得意デス。トヨタは米国のスーパーマーケットの仕組みを参考にして、ジャスト・イン・タイム方式という日本独自のトヨタ生産システムをつくりマシタ。セブン-イレブンも、米国のコンビニエンスストアの仕組みを参考にして、日本市場に合わせて独自のコンビニエンスストアの仕組みをつくりマシタ。日本人はバブル崩壊後の30年で創造的模倣を忘れたみたいデス」

「そうか。模倣を恐れちゃいけないのね」

「しかも多摩川サンは『お客に役立つことを証明すれば使ってOK』と言ってマス。何の問題もありマセン。MVPは使えるモノは何でも使って、お客に検証するンデス。他人がすでにいいモノをつくっていて本人もOKなら、絶対使うべきデス」

「それにMVPの検証ができれば、多摩川さんの条件もクリアできるしな」

小杉が言うと、日吉は頭の中が次第に整理されてきた。

「だったら、ローラー作戦で回った200社から脈がありそうなお客を選んで、この仕組みを試しに使わないか提案してみる、っていうのはどう？」

「イエス！　とてもいいと思いマス！」

日吉がふと思い出したように言う。

「でもお客さんに提案するには、製品の名前が必要になるわね」

ここで小杉が提案した。

「情シス担当者の代わりにいつの間にか仕事を片付けるから『影武者』ってどう？」

「クール！　ジャパンっぽくて、いいデス！」

3人は200社の訪問記録を見直して『ひとり情シス』の作業効率化に関心がありそうな20社をピックアップした。そして三人で分担して20社に『影武者』の試用プログラムを紹介すると、ほとんどが強い関心を示し「すぐ使いたい」と申し出た。

彼らの多くは、試しに『影武者』を使い始めるとすぐに反応を示した。

「まさに、こんなシステムがなくて困っていたんです！」

10日後、検証結果を多摩川園子にオンライン会議で報告することになった。

今や新規事業開発の成功のカギは、多摩川がOKと言うか否かにかかっている。

日吉、マルクス、小杉はオフィスに集合。万全の準備を整えてオンライン会議に臨んだ。

まず日吉が提案した20件の顧客について状況を説明した。

「……ということで、どのお客様もこの問題で困っていました。多摩川さんがつくったシステムを『試しに使ってみませんか』と提案すると、9割のお客様が『すぐ使いたい』と興味を示して、そのほとんどのお客様からすぐ好反応が返ってきました。『使い続けたいから、正式に購入したい』というお客様も、すでに数件います」

マルクスも発言した。

「これは誰もまだ解決策を提供していないからデス。『影武者』を市場に提供する絶好のチャンスは、今なんデス」

画面上にいる多摩川は興味深そうにマルクスを眺めながら言った。

「なるほどな。あんたがマル子か」

「マ、マルコ？　フー？」

マルクスはキョトンとして両手を広げたが、多摩川は完全にスルーで話し続けた。

「うちがつくったシステムは、よその会社が使っても効果が出る、っちゅうことか。まああの結果やな。ほんならこのシステム、あんたらの好きに使ってええで」

日吉は（色々文句を言われるかも）と身構えていたが、多摩川があっさりＯＫしたので、拍子抜けした。

「え？　いいんですか？　あ、ありがとうございます」

「『影武者』か……。悪くない名前やな。ところであんたらのチーム、『影武者』の開発や保守ができるプログラマーっているん？」

想像もしなかった質問に、日吉は当惑して、横にいる小杉に尋ねた。

「えーっと。小杉クンって、プログラマーできたっけ？」

小杉は必死の形相で（ムリムリ、絶対ムリ）と首を激しく振った。

日吉はマルクスの顔を見たが、マルクスは両手を広げて肩をすくめるだけである。

三人の様子を見ていた多摩川は、呆れて言った。

「プログラマーもおらへんのに、どうやって商品を開発するつもりやったん？」

日吉、マルクス、小杉はシュンとして下を向いたまま黙ってしまった。

「しゃあないなぁ。じゃあ、あんたらのチームにプログラマーが入るまで、うちが開発と保守を担当したるわ。何かあれば、うちがプログラムを直したる。ただし期限は3カ月間や。それまでに開発担当のプログラマーをチームに入れるんやで」

思いがけない多摩川の申し出に、三人は驚いた。日吉が「多摩川さんに頼りきりで申し訳ないです」と言うと、多摩川が「それはちゃうなぁ」と答えた。

「イーロン・マスクの請《う》け売りやけどな。ビジネスの成功の秘訣は、画期的なアイデアはごく一部で、**コツコツと地道に努力を積み重ねることが王道**や。ひたすら愚直に学び続ければ、成功の可能性はどんどん高まる。新規事業は、立ち上げがほんまに大変なんや。うちが貢献できるのなんて5％程度や。本当に大事なのは、あんたらがこれまでやってきて、これから先もやっていく、残りの95％やで」

ここまで一気に話した後、多摩川は話を締め括った。

「うちからは以上や。何かあったら、チャットで頼むで。がんばりやよ」

そう言うと、多摩川の顔がオンライン会議の画面から消えた。

——数分後、祐天寺社長のスマホに、多摩川園子からメッセージが届いた。

「日吉慶子、あんたが言うように根性あるな。マルクスもおもろいで。ええ子見つけたな」

祐天寺はメッセージを眺めながら、口元に笑みを浮かべた。

一方で、オフィスにいる日吉、マルクス、小杉の三人は盛り上がっていた。

「多摩川さんがOKしてくれた！　『影武者プロジェクト』を始めるわよ！」

「イェース！　これからドンドンやるだけデス！」

「プログラマーやらされるんじゃないかとドキドキしたよ。よかったたぁ」

三人が盛り上がるその様子を、管理部長の代官がオフィスで遠くから腕を組んで静かに眺めていた。

数日後。UDサービス副社長・住吉元は、部下の代官から報告を受けていた。

「ご指示をいただきました件、ご報告は以上です。では失礼致します」

代官は住吉にお辞儀をして、副社長室を出ていった。

「日吉のヤツ、売上に貢献してないばかりか、こともあろうに、ウチの大事な得意先に勝手な提案をしているのか。余計な動きをしやがって……」

住吉は窓の外を眺めながらタバコに火を付け、フーッと煙を吹き出してつぶやいた。

「祐天寺さんが『新規事業開発が必要だ』って言うから大目に見ているが、日吉は調子に乗り過ぎだな。まぁ、あの小娘にはたいしたことはできないだろうが、注意しておいた方がいいな。それにしても祐天寺さん、そもそもなんであの小娘を買っているんだ？　あのお人の腹は、相変わらず読めんなぁ」

Story
5

チョコザップに〝筋トレおじさん〟がいない理由
――マーケティング戦略STPと4P

十数社の中小企業で『影武者』の試用プログラムが始まった。

多くのユーザーから「これで困っていた」「ムダなクラウドがわかって経費節減できる」という声が寄せられ、評判は上々。うれしいことに口コミで「ウチも使いたい」という問合せも日を追って増えてきた。一方で、困ったこともあった。

日吉・マルクス・小杉の三人で処理できる業務量を超え始めたのである。

技術的な問合せや不具合の報告は、多摩川に転送するとすぐ回答が戻ってくる。しかし、多摩川は3カ月間限定のボランティア。本来は日吉チームで対応すべきである。

加えて多摩川に回すまでもない問合せも多かった。たとえば……。

「パスワード変更はどうすればいいですか？」

「ここの使い方がわからないんですが……」

「担当者が替わったので、連絡先を変更してください」

新事業の立ち上げはやるべきことが多い。三人でこれらに対応すると、どうしても後回しになる。このためユーザーから「レスが遅い」「マジメにやって下さい」という厳しい意見も出始めた。

早急に『影武者』の製品開発とユーザー対応を担当するチームが必要だった。

日吉は、マルクスと小杉に相談した。

「『影武者』は、評判はいいけど問合せも多いわね。祐天寺社長に新規事業として正式に提案して、チームの人数も増やして、ついでに『影武者』を売り始めたらどうかな？」

「人数を増やすのは賛成デス。でも売るのはまだデス。マーケティング戦略ができてマセン」

「製品版はほぼできているわ。これを売ればいいんじゃないの？」

マルクスは顔を紅潮させて言った。

「オーマイガッ！ **製品だけじゃダメなんデス。どのお客に、どうやって売るか、マーケティング戦略で考えないと失敗しマス。**ここで必要なのが『**STP**』デス」

「STPって、新しいK-POPグループ？」と日吉が聞き返した。

「BTSじゃありマセン。ボクたちが考えてきた『お客は誰で、困りごとは何で、解決策はどうするか？』をSTPで整理するんデス」

マルクスは絵を描き始めた。

「**まず市場全体を細かく分けて、自分たちが勝てる市場を選び、勝てない市場を捨てマス。そして選んだ市場で、自社の位置付けを決めマス。**これを考える方法がSTPデス。『STP』はこの三つ、セグメンテーション、ターゲッティング、ポジショニングの頭文字デ

STPはマーケティング戦略の出発点

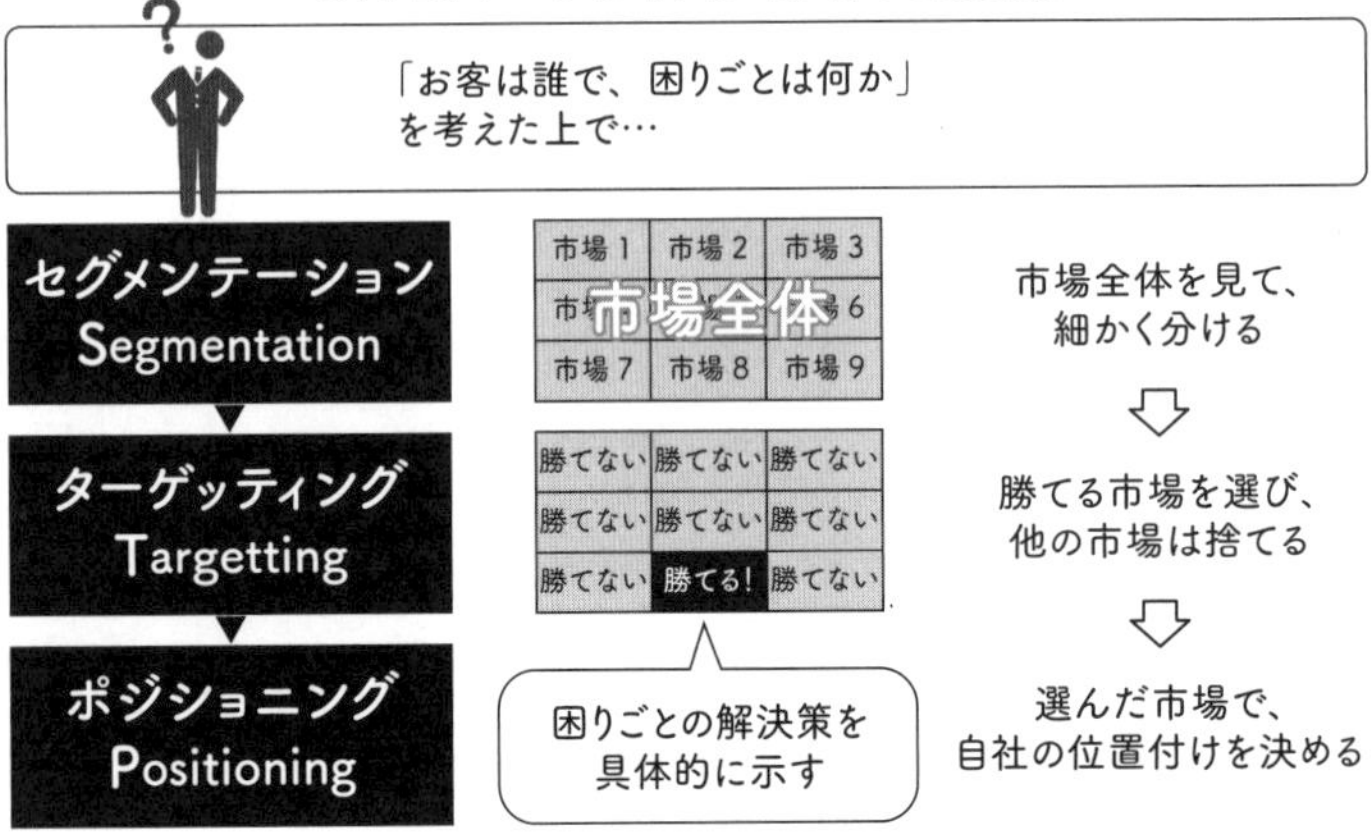

ス」

日吉が眉間にしわを寄せながら言った。

「うーん。具体的な例で説明してもらえると助かるんだけどなぁ……」

「『チョコザップに筋トレおじさんがいない理由』を考えると、よくわかりマス」

日吉が「はぁ？ チョコザップ？」というのと同時に、小杉が言った。

「なるほど、だからマルクスは『チョコザップに行きたい』って言ってたのか」

――数日前。マルクスと小杉は街を一緒に歩いていた。小杉が何かを見つけた。

「マルクス、あそこだよ」

「おー。ここデスネ」

そこにはライザップが展開する24時間無

人フィットネスジム「チョコザップ」の店舗があった。事前にユーザー登録していた二人は、スマホ認証をして店内に入った。

その前日、マルクスと小杉はこんな会話をしていた。

「最近、身体が鈍っちゃってさ。運動しなきゃって思っているんだよね」

「フィットネスクラブがオススメデス。ボクも週3回行ってマス」

「それなー。この前、久しぶりに行ったんだけどさ。フィットネスクラブって、筋トレおじさんたちがいるじゃん？　運動しているとおじさんたちが寄って来て、『ウェイトはもう少し重めだ』『フォームはこう』『あと3回、頑張れ！』とか話しかけてくるんだよ。ボクが断れずについ『ありがとうございます』って言っちゃうと、ますます大勢寄って来てさ。ボクはガチに運動するつもりなんてないし、放っておいてほしいんだよね。そもそも月会費1万円なんて高過ぎだよ」

「ジーザス！　大きなお世話デスネ。いいところがありマス。チョコザップデス」

「最近よく宣伝している、あの24時間使えるコンビニジムのこと？」

「あそこには筋トレおじさんがいないハズデス。興味があるので一緒に行きまショウ」

チョコザップに入店した小杉は店内を眺めてうれしそうに声をあげた。

「ホントだ。筋トレおじさんが一人もいない」

今まで通っていたフィットネスジムとは客層がまったく違う。**買い物帰りと思われる主婦層が多く、土足のまま普段着で運動している。**さっそく、小杉も普段着のままトレッドミルでジョギングを始めた。一方のマルクスは店内設備を「オーマイガッ」「ナルホド」と言いながら見て回っている。小杉が「マルクス、運動しないの？」と声をかけた。

「前からチョコザップに興味があって、調べているんデス」


ひと通り経緯を聞いた日吉は、マルクスに尋ねた。

「で、筋トレおじさんがいないのがＳＴＰとどう関係あるの？」

「チョコザップに筋トレおじさんがいないのは、ＳＴＰを考えた結果デス。まずチョコザップは、フィットネス市場を三つに分けマシタ。ライザップに数十万円も払うような『ハイエンド層』、フィットネスジムの筋トレおじさんのような『普段から筋トレ層』、ムサシサンや買い物帰りの主婦のような、普通のフィットネスジムを敬遠する『超初心者層』デス。その中から**『超初心者層』を顧客ターゲットに選んで、『ハイエンド層』『普段から筋トレ層』は捨てた**ンデス」

小杉が納得した声をあげた。

「なるほど。だからチョコザップに筋トレおじさんがいないのか！」

「イエス！　ターゲットに選んだ『超初心者層』はムサシサンのように、『**運動したいけど、ガチはイヤ**』と思ってマス。そういう人には、筋トレおじさんがいる普通のフィットネスジムは過剰サービスで、高過ぎマス。そこでチョコザップは、月会費税別２９８０円で、まさに『**ちょこっとだけ運動したい人**』**に特化してサービスを提供してマス**」

日吉が首を傾げて尋ねた。

「普通のフィットネスジムは月１万円くらいかかるよね。チョコザップは２９８０円で儲かるの？」

「チョコザップの店舗は完全無人デス。入退室はスマホ認証、店内はＡＩ監視カメラで安全性を確保して、店舗運営の人件費はゼロデス。シャワーもないので水回り工事も不要。『ちょこっと運動したい』人たち向けなのでマシンも簡素デス。チョコザップは低コストで運営できるので、２０２２年7月にサービスを始めて、17カ月目の２０２３年11月に黒字化してマス」

「『超初心者層』のターゲットに最適化してるワケね」日吉が納得した。

「そうデス。チョコザップの戦略は『超初心者層』に『1日5分から始められる着替え不要の初心者向け24時間ジム』というポジショニングを認識させることデス」

「このSTPを完成させれば、マーケティング戦略が完成ってこと？」

「これはまだ半分デス。このSTPを実現するために『**4P**』を考えマス」

日吉が「うわぁ。ヨンぴぃって、ヨン様♡のこと？」と頬をぽっと赤らめた。

「ケイコサン、レトロ趣味デスネ。『冬ソナ』ではありマセン。四つのPデス。STP実現のためのマーケティング施策を『**製品戦略（プロダクト）**』『**価格戦略（プライス）**』『**販売チャネル戦略（プレイス）**』『**プロモーション戦略（プロモーション）**』に分けて考えマス。この四つを、英語の頭文字を取って『4P』とか『**マーケティングミックス**』と呼びマス」

「なんでマーケティング施策がこの四つなの？　それに販売チャネル戦略が、なぜ『プレイス』になるの？」

「グッド・クエスチョン！　まずこの四つで、マーケティングでやるべきことがもれなくカバーできマス。この4Pの概念は1950年代に提唱されたのデスガ、当時の販売チャネルは主に店舗デシタ。だから『プレイス』なんデス」

日吉は納得しかけたが、また首を傾げた。

「うーん。でもやっぱり、4Pのイメージがイマイチ湧かないなぁ……」

「チョコザップの4Pは、STPに基づいてマス。ムサシサン、チョコザップの製品戦略

チョコザップのSTPと4P

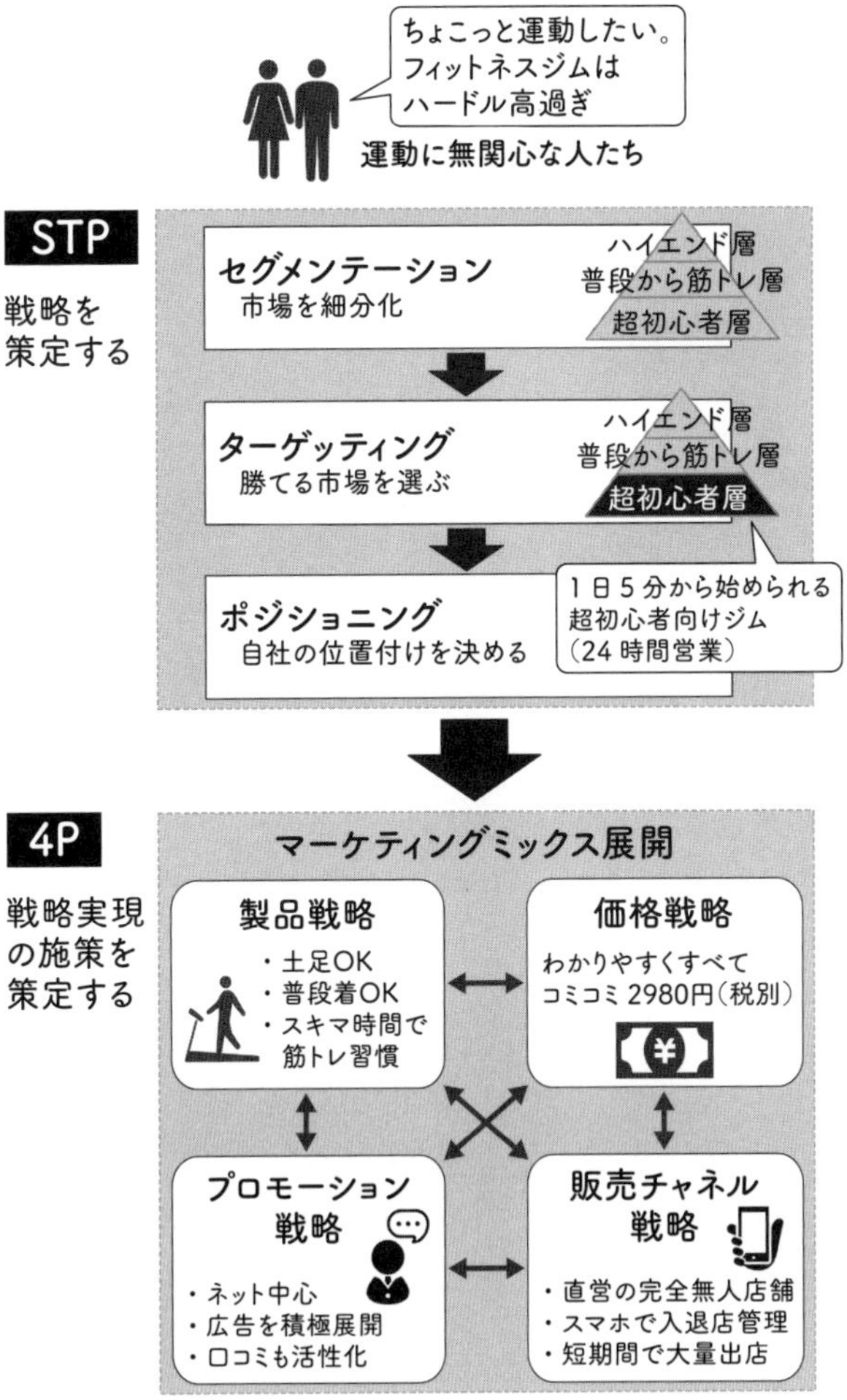
ちょこっと運動したい。
フィットネスジムは
ハードル高過ぎ
運動に無関心な人たち
STP
戦略を
策定する
セグメンテーション
市場を細分化
ハイエンド層
普段から筋トレ層
超初心者層
ターゲッティング
勝てる市場を選ぶ
ハイエンド層
普段から筋トレ層
超初心者層
ポジショニング
自社の位置付けを決める
1日5分から始められる
超初心者向けジム
（24時間営業）
4P
戦略実現
の施策を
策定する
マーケティングミックス展開
製品戦略
・土足OK
・普段着OK
・スキマ時間で
筋トレ習慣
価格戦略
わかりやすくすべて
コミコミ 2980円（税別）
プロモーション
戦略
・ネット中心
・広告を積極展開
・口コミも活性化
販売チャネル
戦略
・直営の完全無人店舗
・スマホで入退店管理
・短期間で大量出店

はどうなりマスカ？」

「えーと。土足や普段着もOKにして、スキマ時間で筋トレ習慣が身に付くように、初心者用の筋トレの機械を店に置くことかな」

「イエス！　プロモーション戦略はボクも調べマシタ。ネットを中心に積極的に広告を展開していマス。口コミも重視しているようデス」

「価格戦略は、すべてコミで税別2980円というわかりやすい価格設定か……」

「そうデス！　チャネル戦略では、スマホで入退店を管理して、AIカメラで店内を監視して完全無人で運営できるようにして、店舗運営を標準化・低コストにして、2980円という低価格を実現してマス」

日吉はマルクスがまとめたチョコザップのSTPと4Pを眺めながら言った。

「じゃあ、マルクスはチョコザップにいつも通っているわけね」

マルクスはにこやかに笑って答えた。

「マサカ。リサーチしただけデス。だってボク、筋トレおじさんデス」

そう言ってマルクスはシャツの袖をまくり、腕をあらわにした。顔からは想像できないバキバキの上腕二頭筋が現れた。小杉が呆れて言った。

「何だよ、そのオチは」

日吉は（うわっ）と顔をしかめて目を背けた後、ＳＴＰと４Ｐの図を見ていたが、ふとつぶやいた。

「確かにチョコザップはＳＴＰから４Ｐまで首尾一貫しているわね。こうしてＳＴＰと４Ｐで戦略を考えればいいわけね」

「ＳＴＰ＋４Ｐは、マーケティングでは基本中の基本デス。海外では『読み書き算盤』と同じレベルデス。でも、これを知らない日本人が多過ぎるんデス。オーマイガッ！」

「私、読み書き算盤も知らずにビジネスしてたってこと？」

「その通りデース！」

マルクスはニコッと笑う。すると日吉はいきなり紙に図を描き始めた。

「こんなの、速攻でつくれる気がするわ！」

10分後、日吉は「できた！　これでどうよ？」と言って紙（108ページ）を見せる。

マルクスはひと目見るなり、「オーマイガッ！　全然ダメデス」と頭を抱えた。

日吉がムッとして「どこが悪いのよ！」と言うと、マルクスは説明を始めた。

「まずお客の課題デス。お客が『中小企業の情シス担当者』なのはＯＫデス。でも、困りごとが『『影武者』を導入して「ひとり情シス問題」を解決したい』はダメデス。これはお客の声じゃないデス。お客は困った時に製品名なんて考えマセン」

影武者のSTPと4P（日吉案）

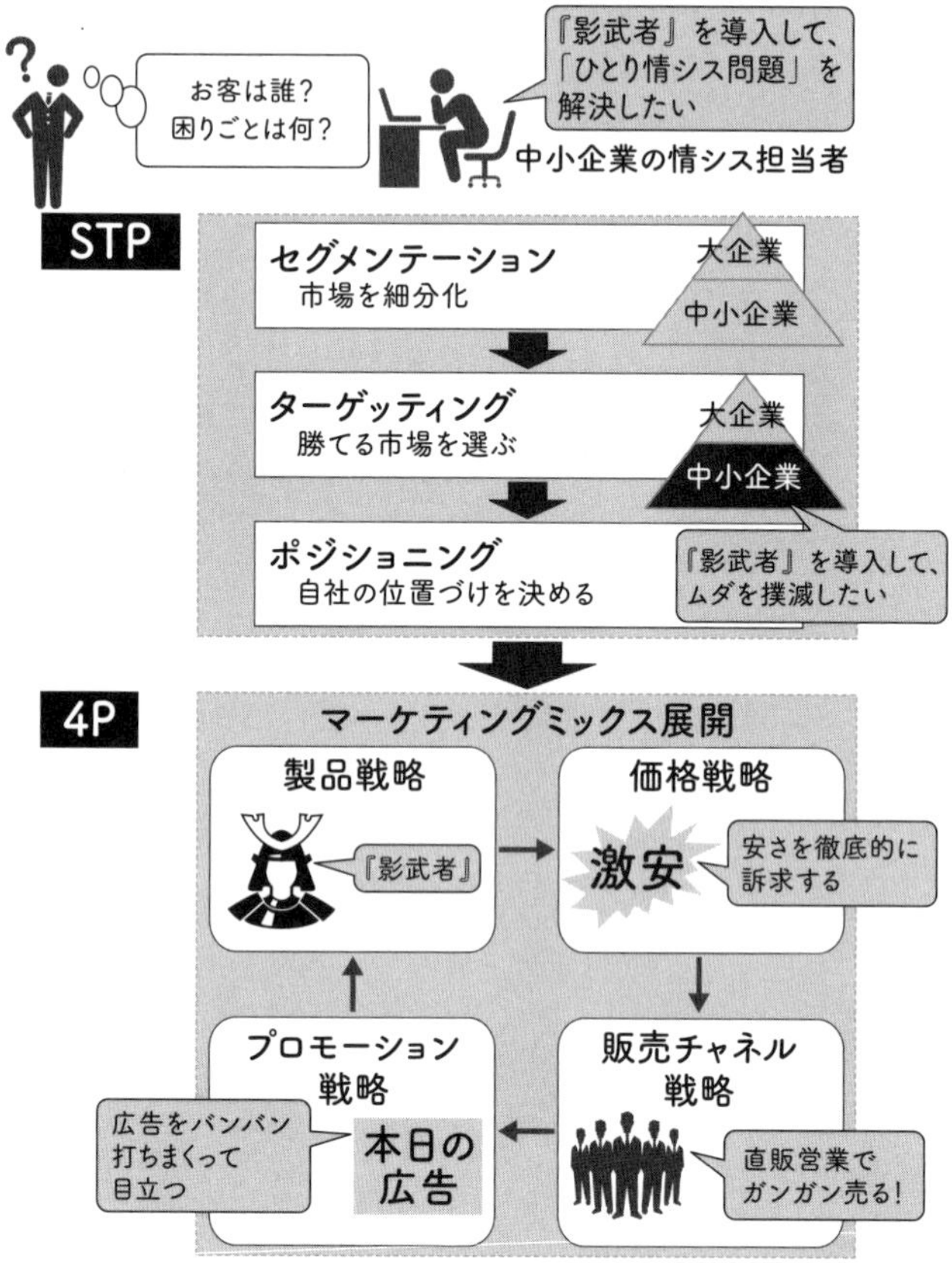

影武者のSTPと4P（マルクス添削）

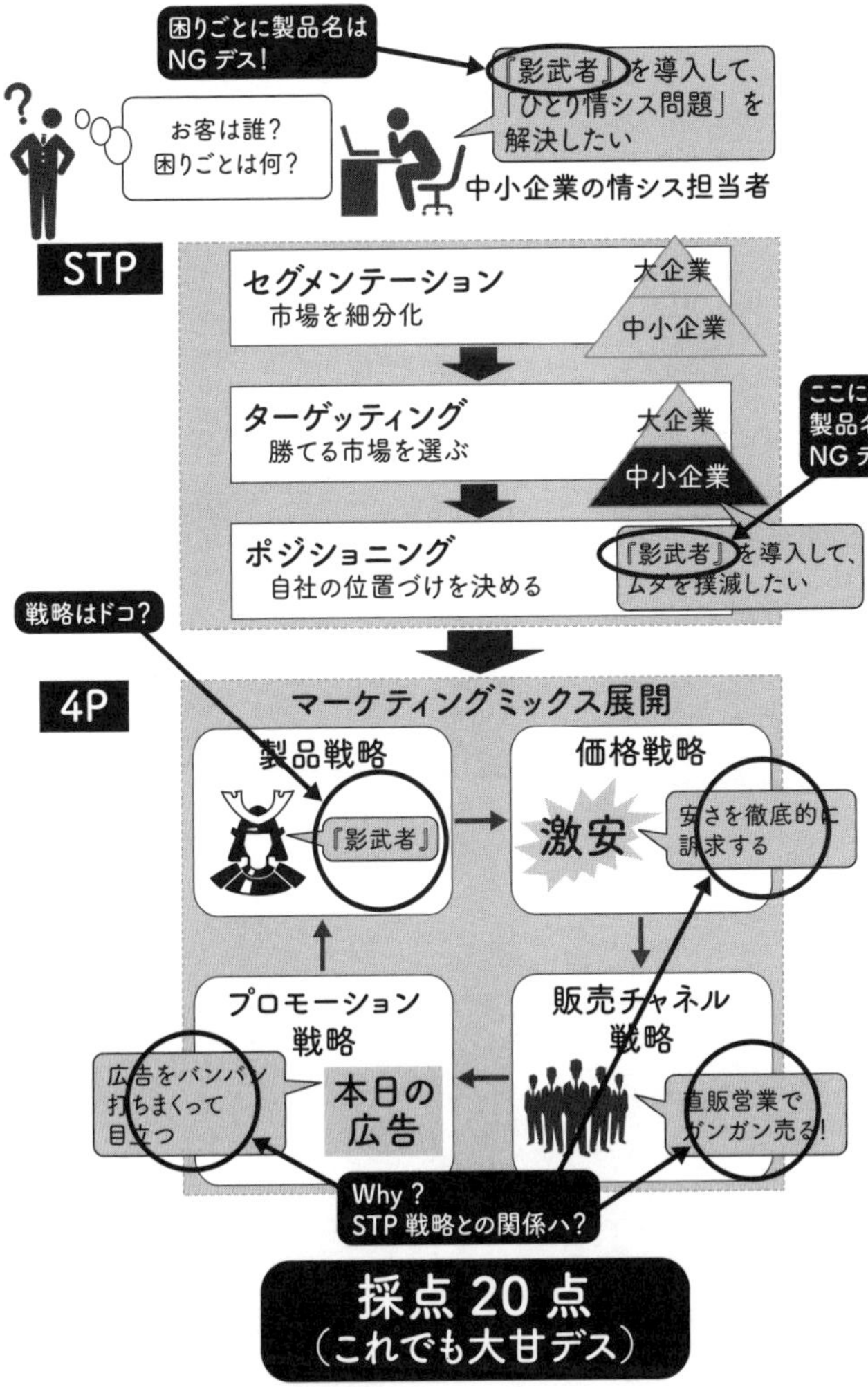

「うう、確かに……」

「ポジショニングが『影武者を導入してムダを撲滅』となっているのもダメデス」

「そんなぁ。だって『影武者』でムダを撲滅するんでしょ？」

「ここはお客が『影武者』をどう認識するかを考えマス。だからここも製品名の『影武者』を入れちゃダメデス。ただ、ＳＴＰはまだマシデス。４Ｐは滅茶苦茶デス」

日吉は「うわ。マジ！」と声をあげた。

「製品戦略が『影武者』とありマス。これ、戦略じゃありマセン。それに価格戦略が『安さを徹底的に訴求する』、販売チャネル戦略が『直販営業でガンガン売る！』、プロモーション戦略が『広告をバンバン打ちまくって目立つ』、なのは、ナゼデスカ？」

「ノリよ、ノリ。元気よく売った方がいいでしょ？」

「それ、戦略でも何でもありマセン。ケイコサンの趣味デス。ＳＴＰと繋げるべきデス。点数を付けると、１００点満点で20点デス。これでも大甘デス」

「うわ。そんなに低いの」とガックリした日吉の様子を見てマルクスは付け加えた。

「ＳＴＰと４Ｐは、マーケティング戦略の根幹デス。本来、すべて首尾一貫して連携するように時間をかけてじっくりと考えるものデス。チーム全員でこれを腹落ちすれば、ものすごく強いマーケティング戦略になりマス。ケイコサン一人で抱え込んで考えずに、皆で一緒に考えるべきデス」

マルクスの言葉で日吉は少し元気を取り戻した。

「でも人が足りないのは困るわよね。祐天寺社長に相談してみるわ」


日吉はさっそく、その場で祐天寺社長にメッセージを送った。

『新規事業で試作版の『影武者』をお客様に試用いただいたところ大好評です。一方で、新たに『影武者』の開発チームをつくる必要があります。問合せが急増しており、今の三人では対応しきれません。チームの人数を増やすにはどうすればよいでしょうか？』

すぐに祐天寺から返事が来た。

『全社に日吉チームへの異動を希望する人を募ってみたらどうでしょうか？』

こうして社内募集をかけた結果、エンジニア2名の異動が決まった。反町毅《そりまちたけし》と綱島温《つなしまあつし》だ。

これで日吉チームは3人から5人に増えた。


新チームの初ミーティングで、反町と綱島が挨拶した。

反町は40代前半。日吉や小杉よりも15歳ほど年上だ。表情は硬く、なぜか定規で測ったように直立不動である。日吉が「反町さん、自己紹介をどうぞ」と言うと、反町はその姿勢を崩さずに「反町です」とひと言だけ言った。

日吉たち三人は（何か続きがあるのかな）と待っていたが、自己紹介はそこで終了。反町は無表情のまま直立不動で立ち続け、10秒ほどの沈黙が続いた。

調子を崩された日吉はぎこちなく「反町さん、よろしくお願いします。では綱島さん、自己紹介をお願いしてもいいですか？」と綱島に話を振った。

もう一人の綱島は30歳。反町とは対照的に饒舌《じょうぜつ》だった。

「俺、入社してから下請けの仕事ばかりなんですよ。ぶっちゃけ退屈で退屈で。『こんな仕事、俺がやる仕事じゃないよな』って思ってたんっすよ。でもこの仕事、ええと新規何とかでしたっけ？　面白そうじゃないっすか。ダメモトで希望したら異動できちゃったんです。よろしくっす」

個性的な二人であるが、チームの人数が増えて日吉はまずはひと安心だ。

「日吉慶子です。チームに加わっていただき、本当にありがとうございます。新規事業開発では新商品『影武者』の試作版をお客様に使っていただいて、好評です。お二人にはまず『影武者』の製品開発と、ユーザー窓口を担当していただきます」

反町はほんのわずかだけうなずいたが、綱島は微妙な顔をしていた。

1週間後。綱島は異動早々、不満を感じ始めていた。

（このプロジェクト、ホントにダメだな。『面白そうだ』と思って異動したら、来る日も来る日も地味なお客サポートだよ。オレ、もっと大きな仕事ができるのに、なんでショボい仕事しかないの？　給料も安いしやってられねえよ。やっぱ転職だなぁ）

綱島は、さっそく転職サイトにこんな自己紹介を付けて登録した。

『中堅ITサービス企業で、クラウド管理ソフトの新規事業開発チームにいるエンジニアです。スキル自信あり。大きな責任と高給与をいただける職場を希望します』

その一方で、X（エックス）に仕事の愚痴を書き始めた。

『『K武者』の試用ユーザーが増えて、ユーザーサポートで大変。やってられん』

一方、六本木の東京ミッドタウンにあるトライアンフ本社。

購買部・担当課長の港未来は部長室を静かにノックした。

「どうぞ」という返事を聞いた港は、「失礼します」とていねいなお辞儀をしてから部屋に入った。

そこに座っていたのは上司の部長・高島新《たかしまあらた》。トライアンフ生え抜きの47歳。出世街道を順調に歩んできた男である。高島は港を見て、ニヤッとした。

「オレの執行役員への昇進が内定した。来月からは製品事業本部長だ。これまで我が社はITサービス中心でやってきたが、本格的に製品開発と販売に取り組むことになる。つまり、オレが会社の将来を背負うわけだ。ま、社長への第一歩だな。そこでキミには製品開発部長をお願いしたい。30歳で部長ポジションだ。当社でも異例のスピード出世だな」

港は表情を変えずに、静かに頭を下げた。

「承知いたしました。謹んでお受けいたします」

高島はイスから立ち上がると、港を見据えながら言った。

「キミは入社以来、オレが直々に英才教育をしてきた『最高傑作』だ。どんな手段を使っても成功を勝ち取ってくれるものと期待している。頼むよ」

高島の部屋を辞した港は、製品開発の戦略を練り始めた。

自分の評価は、売れる新商品を開発し、迅速に提供できるか否かにかかっている。異動は来月だが、今から戦略を策定して異動初日から全速力で動き、成果を出す必要がある。

では、「売れる商品」のヒントは？　港はこう考えた。

「ウチのセールスの情報網で探せば、何かヒントがあるはず」

トライアンフは業界最強の企業向け精鋭営業部隊を擁している。彼らは客先で得たあらゆる情報を社内データベース上で共有していた。通常手段ではまず得られない情報が見つかることも多い。港が探すと、こんな情報が引っ掛かった。

「UDサービスが、全社のクラウド契約を管理し、ムダをあぶり出して大幅にコスト削減する新商品『影武者』の試作版を十数社の企業に提供し、好評らしい。リーダーは、同社・新規事業開発チームの日吉慶子とのこと」

その情報には、トライアンフの営業が客先から入手したと思われる『影武者』の詳細な顧客向け説明資料も添付されていた。資料を見ながら港はつぶやいた。

「なるほど。この『影武者』、あの日吉慶子がやっているのね。社員が使うクラウドを全社で管理してコスト削減……。悪くないアイデアね」

港が考えるべきことは他にもあった。人材確保だ。トライアンフ社内にも技術者はいるが、優秀な人材ほどすでに重要プロジェクトを抱えていて、すぐに異動できない。外部人材の確保が必要だ。そこで転職サイトをチェックした。

そこで港が目を留めたのが、綱島のプロフィールだった。転職サイトでは綱島の勤務先情報と個人情報は隠されていたが、港は綱島の自己紹介文を見逃さなかった。

「このエンジニアが書いている『中堅ITサービス企業で開発しているクラウド管理ソフト』は、恐らくUDサービスの『影武者』。そしてこの人物は、Xで『K武者で大変』って言っているのと同一人物。おそらくは日吉慶子の部下ね」

港の目が怪しく光った。

「『影武者』もこのエンジニアも、マークしておいた方がよさそうね」

Story 6

【新】100円のコーラを1000円で売る方法

——利益を決める価格戦略とサブスク戦略

珍しく緊張して歩いていた日吉慶子は、バリューマックス社のオフィスを出てホッと息をついた。

（宮前さんって、オーラがあるなぁ）

ちょうど得意先のＩＴ企業・バリューマックスで副社長を務める宮前久美《みやまえくみ》との商談を終えたところだった。宮前は数多くの斬新な製品やサービスを企画・開発して大ヒットさせたＩＴ業界のトップ経営者であり、日吉が尊敬する人物の一人である。

日吉が宮前に『影武者』を説明すると、宮前は即断即決だった。

「『影武者』いいわね！　導入するわ。井上クンとロンロン、すぐに進めて。で、おいくらなの？」

（そう言えば、価格は考えてなかったな……）

オフィスに戻った日吉は、マルクスと小杉に経緯を説明した。

「バリューマックスはすぐ買うわ。価格を決めなきゃ。新商品は高いとお客は買わないから、安くしなくちゃね」

するとマルクスの顔が徐々に険しくなって紅潮してきた。

「なぜ日本人は安くしたがるんデスカ！　価格を思い付きで決めてはダメデス！」

わずかな値引きで利益は激減する

定価100円。コスト90円の商品を1万個売ると…

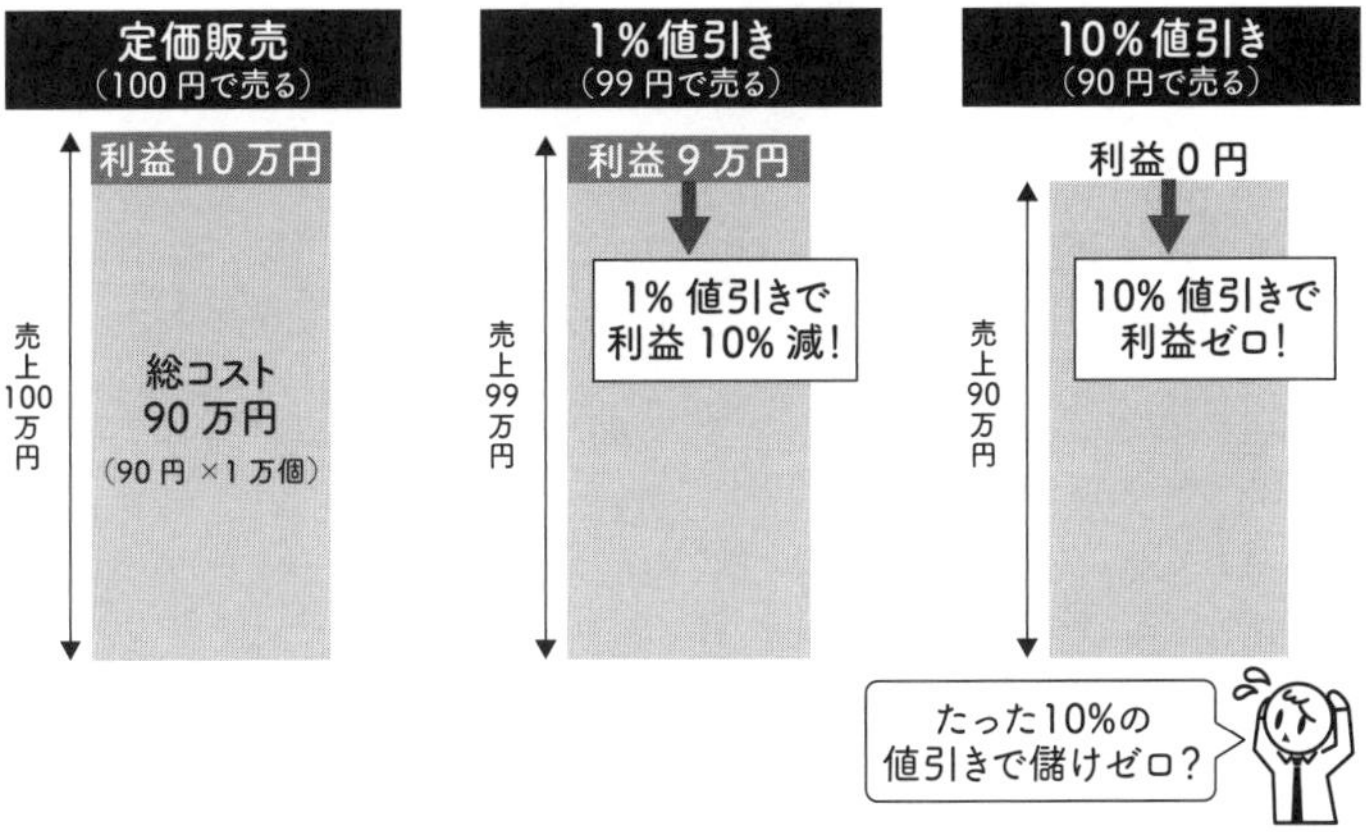

頭をブンブン振って普段以上に大声をあげるので、日吉は慌てた。

「わ、わかったから。何が問題なの？」

「**価格戦略が利益を生む**からデス」

日吉は目が点である。

「サッパリ意味がわかりません」

「たとえば定価100円、コスト90円の商品を定価で1万個売ると、売上と利益はどうなりマスカ？」

マルクスの問いに、小杉が答えた。

「売上は1万個×100円だから、100万円だよね。コストは1万個×90円だから、90万円だ。利益は売上からコストを引くから、10万円だね」

「では1％値引きして販売数が同じだと、どうデスカ？」

「売上は99万円。コストは変わらず90万円だから、利益は差し引きで9万円だ」

「たった1％の値引きで、利益は10万円から9万円、つまり10％も下がりマス！」

「本当だ！　もし10％の値引きだと……。売上90万円だから、利益ゼロ！」

「利益は『価格戦略』で大きく変わりマス。4Pのうち、製品、チャネル、プロモーションの三つは、お金がかかるコストデス。価格戦略だけが利益を生むんデス。**価格戦略はビジネス戦略そのもので超重要**デス。でも価格戦略を真剣に考えない人が多過ぎマス。オーマイガッ！」

日吉が「じゃあ、価格戦略はどう考えればいいの？」と尋ねた。

「まず**『低価格戦略』**と**『高価格戦略』**のどちらかを選びマショウ」

「私、断然『低価格戦略』派ね！　いつもお客にサービスで値引いているし」

日吉がドヤ顔で言うと、マルクスは顔を紅潮させた。

「オーマイガッ！　さっき『値引きで利益は激しく変わる』と言ったばかりデス！　それに値引きは『低価格戦略』ではありマセン。『低価格戦略』は難しいんデス！」

マルクスの答えに、日吉は思わず笑った。

「それ逆でしょ。値札を書き換えるだけじゃない。高く売る方がずっと難しいわ」

「赤字になったら値引きは続きマセン。**どこより低価格でも利益が出るようにするのが**

『低価格戦略』デス。だから難しいんデス！」

マルクスが頭をかきむしって叫んだその時、日吉は手元の時計を見て声をあげた。

「あ、大変！　すぐに会社を出なきゃ。続きは明日ね」

口をパクパクするマルクスと呆れ顔の小杉を残し、日吉はオフィスを出た。


「アケミのお店、ホントに素敵ね！　それに豚しゃぶも美味しいし」

オフィスを出て1時間後。日吉は大学で同期だった妙蓮寺《みょうれんじ》朱美《あけみ》と一緒に、朱美がオーナーを務める六本木の豚しゃぶ専門店にいた。朱美は赤ワインを口にしながら答えた。

「そうよね。やっぱり美味しい方がいいわよね」

そう言って朱美は、日吉にこの店をつくった経緯を語り始めた。

朱美は大学卒業後、就職した。仕事は順調だったが、突然父が亡くなった。

父は麻布に店を構える居酒屋のオーナー経営者だった。店の運営は店長とバイトに任せていたので、朱美は副業として居酒屋の経営も見ることになった。しかし間もなく店は赤字を出すようになり、朱美が借金しても家賃を払えない状態になった。

追い込まれた朱美は、その時になって初めて、バイトに任せていた店のメニューを確認し、試食もした。

店のメニューは豊富だった。一品すべて500円で激安。しかし、マズい。自分でも頼みたいとは思わないほどだ。廃棄食材も多くてムダばかり。朱美は自分が店の経営に本気で向き合っていなかったことにやっと気付いた。

「こんな素人料理にお客がお金を払うわけがない。赤字は当たり前ね」

朱美は正面から店の経営に取り組む決心をして、考え直した。

「自分がお客なら、2000円でも美味しい料理の方が絶対にいい」

そして路線を変えたらほどなくして客足が戻りだした。売上も増え、借金も無事完済。その後、朱美は勤め先を辞めて独立。高級飲み屋を次々開店した。この豚しゃぶ専門店もその一つだ。

「回り道をしたおかげでこの店があるわ。何がいいのかわからないものね」

そう言いながら朱美はワインを飲んだ。

日吉は夢中になって朱美の話を聞きながら、(マルクスが『低価格戦略より高価格戦略の方が簡単』って言ってたのは、こういうことなのね)と納得していた。

日吉は「ものすごく勉強になるわ」と言いながら、グッと赤ワインを飲み干した。

「このワインもすごく美味しい。もう1本!」

そんな日吉を眺めながら、朱美が言った。

「それにしてもあんた、相変わらずよく食べるわね。その細い身体のどこに、赤ワイン3本と豚しゃぶ3人前が入るの？」

翌朝、すっかり考えが変わった日吉は、マルクスと小杉に昨晩の話をした。

「つまり、単なる安売りだけではダメってことね」

「そうデス。**少々高くても、価値を求めるお客は必ずいマス**」

するとと日吉は首を傾げて尋ねた。

「でも、なんで安売りの方が難しいの？　安さで成功している会社、多いでしょ。『お、ねだん以上。』のニトリは基本的に値上げしないし、チョコザップも2980円よ。圧倒的に価格を下げて、たくさん売って儲ける戦略もアリなんじゃないの？」

「安易にニトリやチョコザップのマネをしてはいけマセン」

マルクスはそう言うと絵を描き始めた。

「ニトリとチョコザップは、どこよりも低コストにする『**コストリーダーシップ戦略**』を極めたから、安さで勝てるんデス。これで勝てるのは業界で1社だけデス」

「1社だけ？　具体的にどうするの？」

「方法は二つデス。**一つ目は、どこよりもたくさんつくって売れる仕組みをつくりマス。**

「コストリーダーシップ戦略」で、低コスト構造をつくる

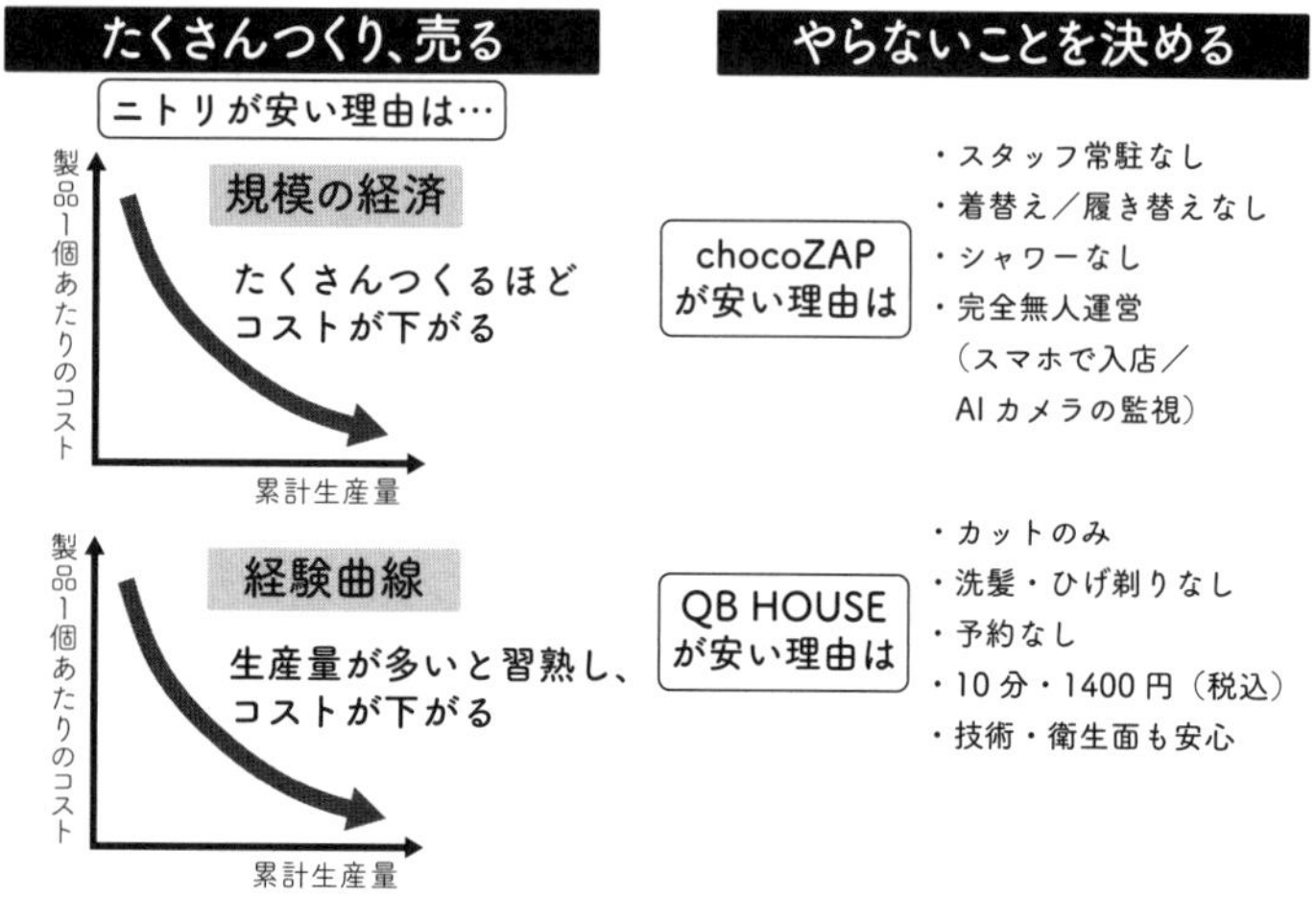
たくさんつくり、売る
ニトリが安い理由は…
規模の経済
たくさんつくるほどコストが下がる
製品1個あたりのコスト
累計生産量
経験曲線
生産量が多いと習熟し、コストが下がる
製品1個あたりのコスト
累計生産量
やらないことを決める
chocoZAPが安い理由は
・スタッフ常駐なし
・着替え／履き替えなし
・シャワーなし
・完全無人運営（スマホで入店／AIカメラの監視）
QB HOUSEが安い理由は
・カットのみ
・洗髪・ひげ剃りなし
・予約なし
・10分・1400円（税込）
・技術・衛生面も安心

生産量と販売量が多いと、商品1個当たりのコストが下がるンデス。ニトリは世界1000店舗で家具をたくさん売ってマス。そこで原材料から製品まで一貫してつくる大工場をベトナムに設けて、徹底してコストを下げてマス。だからニトリはどの会社よりも安く家具をつくれマス。これを『**規模の経済**』と呼びマス」

マルクスはさらに新しい絵を描いた。

「もう一つありマス。ボクたちは何かやる時、1回目より100回目の方が慣れて速く確実にできマス。会社も製品を数多くつくれば、経験で速く安くつくれマス。これを『**経験曲線**』と呼びマス。ニトリが安くできるのは、規模の経済と経験曲線を極めたおかげデス」

日吉は「ニトリ、恐るべしね」と納得した。

「二つ目の方法は、**『やらないことを決める』**ことデス。チョコザップは店舗スタッフの常駐をやめて、完全無人店舗デス。シャワーもプールもやめて、水回り工事も不要デス。色々やめたから低コストなんデス。他にもありマス」

マルクスは絵に「QBハウス」と書いた。

「日本の散髪店は4000円で、1時間かかりマス。QBハウスはカットに特化して、洗顔・ひげ剃り・予約をやめてコストを下げて、時間は10分、料金1400円。『やらないこと』が明確デス。こうして、低価格戦略では業界一番の低コストを目指しマス。勝てるのは業界で1社だけデス。難易度が高いんデス」

「低価格戦略がスゴく難しいことはよくわかったわ」

「高価格戦略は違いマス。4万円の『Balmuda The Light』（48ページ）のように、ターゲットのお客が必要な価値を提供すればお客は買いマス。業界で複数の会社が勝てマス。でも日本企業は高価格戦略をやりたがらない。ホワーイ！」

マルクスはそう叫ぶと、頭を抱えた。

「日本で驚いたのは、**品質がいいのにすごく安い**ことデス。この前、浅草のかっぱ橋道具街で、海外で数万円もするような高品質の包丁が数千円デシタ。オーマイガッ！　**なぜそ**

低価格戦略よりも
高価格戦略の方が実現しやすい

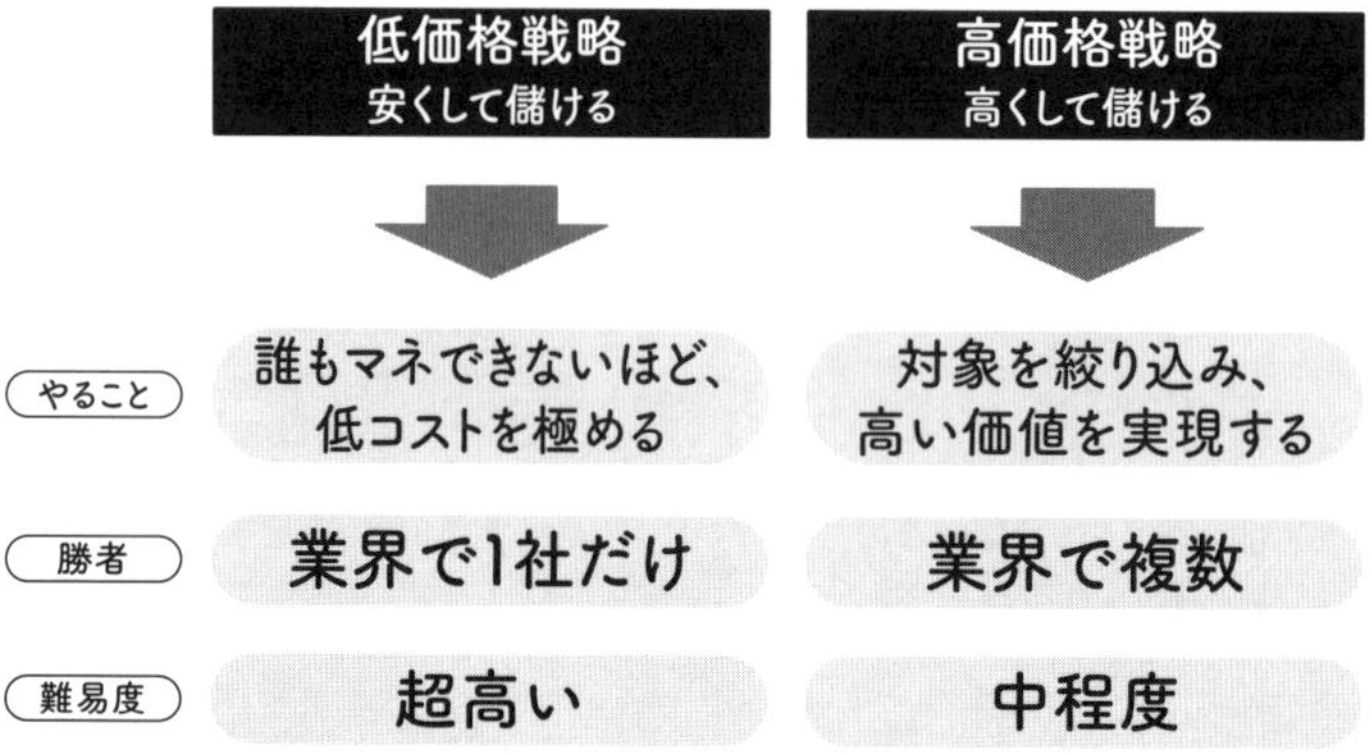

	低価格戦略 安くして儲ける	高価格戦略 高くして儲ける
やること	誰もマネできないほど、 低コストを極める	対象を絞り込み、 高い価値を実現する
勝者	業界で1社だけ	業界で複数
難易度	超高い	中程度

んなに安く売るンダ！」

日吉が首を傾げた。

「なんで？　『いいモノが安い』って、いいことなんじゃないの？」

「ノー！　**お客に価値があるいいモノは、価値に見合う価格にするべきデス**」

マルクスは（『いいものを安く』という日本人病、思ったよりも重症デス）とつぶやき、息を整えると、「こんな話がありマス」と話し始めた。

「米国の土産物店で、装飾品のターコイズが売れませんデシタ。店主は数日間出張する際に、店番に『価格を1／2にして』と書き置きして出かけマシタ。帰ってきたら完売デシタ。でも、売上がなぜか多いんデス。店番に尋ねたら『価格を倍にしました』。店番が指示を間違えて2倍の価格にした途端、完売したんデス」

小杉が「なんでそうなるんだ?」と尋ねた。

「ターコイズの価値なんて誰も知りマセン。最初にターコイズが売れなかったのは『安物』と思われたからデス。いいモノでも安いと『安物』と思われマス。価格を2倍にしたら、お客に『この価格だから高級品』と思われて、売れたんデス。価格が高いと『いいモノ』と思われマス。これを**価格の品質表示機能**といいマス」

マルクスは両手で頭を抱える。

「コレがわからないから、日本は貧しくなったんデス! 日本は30年間、デフレで物価が下がり続け、日本企業は値引きしか考えなくなり、利益確保のために給料も削った結果、日本は貧しくなりマシタ。『いいモノが安いのは、よいこと』と信じて疑わず、マーケティング戦略も価格戦略も考えナイ。貧しくなったのは、当然デス。いいモノは『高いけどさすが』と言われる高価格で売るべきなんデス!」

ここまで言われても、日吉はまだ納得しなかった。

「でも、高い価格を付けるのって勇気がいるのよね」

「**価格が高いかどうかは、お客さんの状況次第**デス。たとえばコーラもそうデス」

「コーラなんて、普通100円とか150円よ。この前、近所のディスカウントストアで、小サイズが40円だったわ。安くしないと誰も買わないわよ」

「ケイコサン、この前、カラオケ行きましたヨネ。インスタ見ましタ」

「わっ。私のプライベート、しっかりチェックされてるし。あの日は土曜で、高校時代の親友たちとカラオケでオールだったわ」

「カラオケ店では、コーラは300円から500円デス。高いデスカ？」

「そんなの普通に頼むわよ。喉も渇くし、カラオケも楽しみたいし。……あれ？」

マルクスはニコッと笑った。

「同じ液体でも、コーラほど状況で価格が変わる商品はアリマセン。登山すれば、山頂では500円デス。中には1000円のコーラもアリマス」

「いくらなんでも、それは高過ぎ。マルクス、あなた騙されているわ」

「ノー！　10年前に初めて来日してリッツ・カールトンに泊まった時、ルームオーダーで飲んだコーラデス」

日吉は（あの超高級ホテルに？　この人、意外とセレブ？）と思いながら尋ねた。

「それって、何か特別なモノを入れたコーラなんじゃないの？」

「ノー。中身はディスカウントストアのコーラとまったく同じ液体デス。でも、最適な美味しい温度に冷やされて、ライムと氷を添えた最高に美味しい状態で、グラスで運ばれてきマシタ」

ここで小杉が尋ねた。

「つまりそのコーラは、マルクスには1000円以上の価値があったってこと？」

「イエース！　それまで飲んだ中でもっとも美味しいコーラデシタ。リッツ・カールトンが『最高に美味しいコーラが飲める体験』という価値をつくっているんデス。**価格を上回る価値が提供できれば、お客は喜んでお金を払いマス。**最近もリッツ・カールトンに泊まったら、ホテル特製『ザ・リッツ・カールトン　コーラ』というクラフトコーラがメニューに追加されてマシタ。1500円デシタ」

「さらに価値を上げたのか。リッツ・カールトン恐るべしだな」と小杉が言った。

「高価格で売ることは、社員の給料に直結しマス。日本のメーカーのキーエンスは平均年収2000万円デス。これはキーエンスが顧客の中小製造業に、価値ある商品を高価格戦略で提案してきたからデス」

「キーエンスって、どんな提案をするの？」

「製造業では、部品寸法を測る作業がありマス。これまで社員が半年から2年間の訓練を受けて、毎回数十分から数時間かけて測ってマシタ。手間も時間もおカネもかかりマス。

そこでキーエンスは、部品を置いてボタンを押せば、部品を撮影して画像を自動計算して、誰でも数秒で正確に寸法を測定できる画像寸法測定器をつくりマシタ」

「それって、毎日何回も測定すると、すごいコスト削減になるんじゃない？」

「イエス！　年間で数千万円のコスト削減ができて、開発スピードも上がりマス。画像寸法測定器の価格が少々高くても、お客は喜んでキーエンスから買いマス」

「1000円のコーラと同じで、提供する価値が価格を上回っているワケね」

「イエス！　キーエンスは高い付加価値の提案をするために、提案力を磨き続けてマス。だから高収益になって、高い給料を実現できるんデス！」

日吉が「あ、そういうことか！」と声を出した。

「だからマルクスは、初めてトライアンフと商談をした直後に『すべての原因はマーケティングをわかってないことだ』って言ったのね。『安く売ろう』と考えるから、回りまわって私たちの給料も安くなる。そんな貧しくなった日本に若者も見切りを付けて、海外に出稼ぎに行ってしまう。考えてみれば当たり前の話ね」

「イエース！　お客は自分でも気付かないうちに課題をたくさん抱えてマス。その中でも特に痛みが大きい課題を解決すれば、価格が少々高くてもお客は喜んで買いマス。これが『価値創造』デス。日本人は価値創造して給料を上げることを考えるべきデス！『マーケティングなくして、経済成長なし』デス！」

「『影武者』も、情シスが気付かないムダなコストを削減する高付加価値の提案だから、それに見合う値付けが必要ね。マルクス、何かアイデアある？」

マルクスは「そうデスネ……」としばらく考えた後、口を開いた。

「**サブスク**で値付けをするといいデス」

「流行のサブスクね。私も音楽聴き放題のスポティファイや、ウーバーイーツで配送料ゼロ円のウーバー・ワンを使ってるわ。でもそれって、『安くて使い放題』にするってことなの？」

「ノー！　サブスクで『安くて使い放題』だけを狙うと、失敗しマス」

日吉が「え？　そうなの？」と驚いた。

「**サブスクを成功させる『三つの鉄則』**がありマス。ケイコサンが音楽聴き放題やウーバーイーツのサブスクを使おうと思ったのは、『安いから』だけデスカ？」

「うーん、『音楽聴き放題っていいな』とか『ウーバーイーツの頼み放題って便利ね』と思ったからかな。次に価格を見て『お得』と思って使い始めたわ」

「**鉄則1『顧客に「どうしても使いたい」と思わせる』**がこれデス。サブスクのお客はまず『これいいな』と思って、次に『安いから入ろう』と考えマス。**最初にアピールすべき**

はお客を惹き付ける圧倒的な価値、そしてその次に始めたくなる安い価格デス」

「価格のアピールだけではダメってことなのね」

「**鉄則2は『顧客体験を常に高め続ける』**ことデス。サブスクで怖いのは、お客が飽きて解約することデス。そこで顧客体験を高め続けて継続してもらうんデス」

「確かにサブスクは解約もカンタンだからね」と小杉が言った。

「**鉄則3は『収益化して継続する』**デス。サブスクは月々の売上が少ないので、利益を出すにはお客を何人集めればいいのかを考える必要がありマス。長く使うお客の数が増えれば売上が安定して、お客の人数がさらに増えて売上がコストを超えれば利益が上がり、黒字になりマス」

一気に説明した後、マルクスはまとめた。

「つまり、**サブスク成功のカギはシンプルデス。新規のお客を獲得し続けて、顧客の解約を徹底防止すること**デス。黒字化するまでは大変デス。でも黒字化すれば、安定的に売上が入るようになり、さらにお客が増えると高収益になりマス」

「成功までの道は長いけど、ちゃんとやり続ければ大成功するってことね」

「イエス！　『影武者』は顧客サービスを向上させ続けて提供する必要がありマス。だからサブスクと相性がいいんデス。そして、成功のカギは、**サブスクの総売上が全体の運営**

コストを上回って、利益が上がるまでの投資期間を乗り切れるか否かデス」

日吉は納得した。

「そうなると価格はすぐ決めずに、ちゃんと検討した方がいいわね。これはマーケティングの基本戦略だから、皆で考えましょう。バリューマックスの宮前さんには『価格は検討中なので、当面は無償で使っていいですよ』って言っておくわ」

その後、日吉チームは『影武者』の事業計画をチームで話し合ってまとめ、祐天寺社長へ説明することになった。日吉、マルクス、小杉で会議に臨んだ。

社長室に入ると、笑みを浮かべて祐天寺大介社長が座っていた。

「マルクスはもう日本に慣れたかな」

「ハイ。すっかり溶け込んでマス」

資料（134ページ）を見て、祐天寺は声をあげた。

「いいね！　ターゲット顧客のウォンツも解決策も明確だし、ＳＴＰも４Ｐもよくまとまっている。僕が何を判断すべきかもよくわかる」

日吉は手短に説明した。

「『影武者』を使いたいというお客様は多く、手応えを感じています。競合が出てくるリ

新規事業のご提案『影武者』

基本戦略

ターゲットの顧客	「ひとり情シス」体制で、クラウドを活用する中小企業
ウォンツ	全社のクラウドサービス契約が把握できず、ムダが発生。機密漏洩の懸念も →当社のケーススタディ：年間7200万円のムダ
解決策	クラウドの状態をすべて「見える化」し、一括管理。ムダを削減し、機密も守る

STP

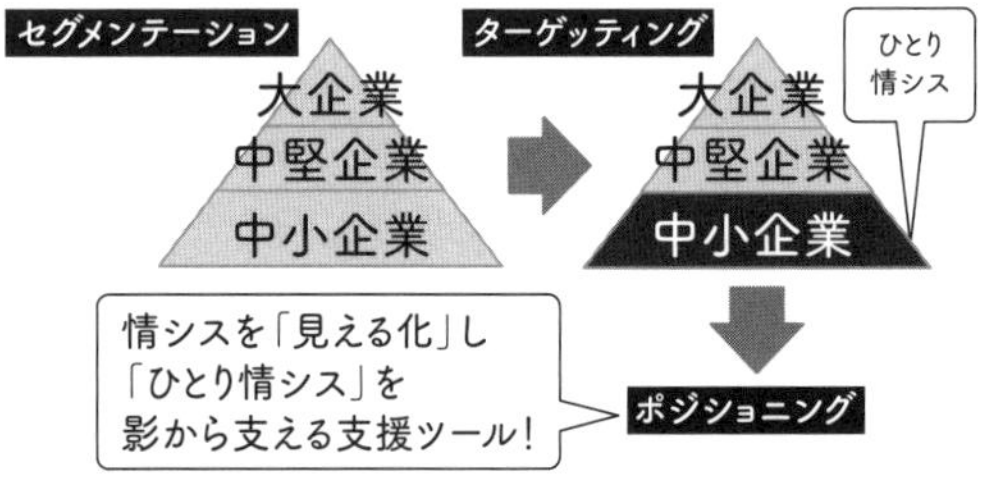

4P

製品戦略	全社クラウド管理ツールの提供 （先行15社で試用中、好評）
価格戦略	月額のサブスク形式 （ユーザー数に基づく）
販売チャネル戦略	まずは直販で開始。 パートナー販売も今後は検討
プロモーション戦略	まずは実績蓄積を優先。 販促は今後検討

ビジネスプラン

製品発表　：3ヵ月後を予定
（先行企業の試用プログラム完了後）
必要な投資：今後3年間で、総額15億円
売上と利益：3年後に年間売上10億円で
収益化。それまでは投資継続が必要

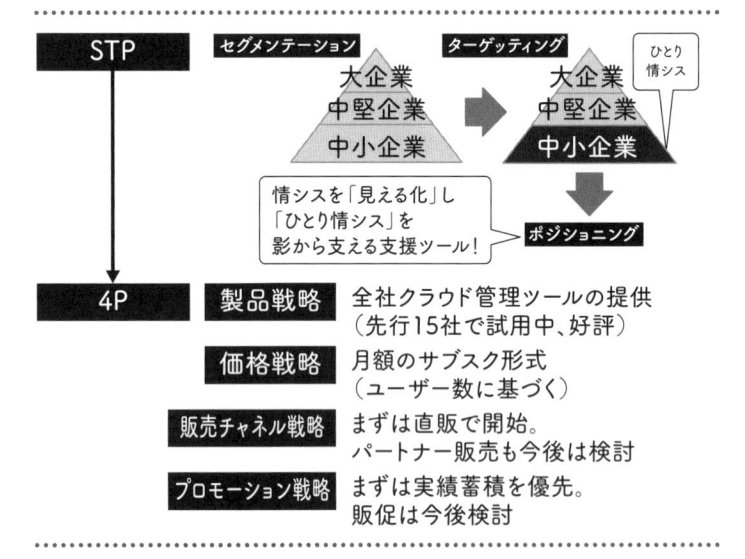

スクもありますが、最低3年間は投資の継続が必要です。成功すれば、今のUDサービスは大きく変わります」

祐天寺はその場で即決した。

「了解。その方針でプロジェクトを進めよう。住吉副社長にも説明しておいて下さい」


数日後、日吉チームは住吉副社長との会議に臨んだ。住吉は自分の机に足を乗せたまま不機嫌そうに話を聞いていたが、日吉の説明が終わるやいなや怒り始めた。

「お前、人にモノを説明するマナーを教わっていないのか？　ＳＴＰとか４Ｐとか、意味不明な言葉を使うな。そもそも考えるべきは、モノゴトの本質だ」

いきなり説教である。

「しかも、３年間の投資が必要？　その間は赤字でリスクもあるが我慢しろ？　論外だね。こんなアホみたいなプロジェクト、俺は絶対に認めない！」

浅黒い肌にグレーヘアの住吉は立ち上がって、プレゼンする日吉に詰め寄った。日吉より15センチほど高い住吉は、日吉を完全に見下ろす格好である。

「だいたい『影武者』とかふざけた名前付けて、大切なお客様に試作品と称して使わせるなんて、お前は頭がオカシイんじゃないか？　俺はそんな大事な話、ひと言も聞いてないぞ。話には順序ってもんがあるんだ。プロジェクトは即刻中止。わかったな！」

スゴい剣幕である。マルクスは次第に顔を紅潮させて思わず立ち上がりかけたが、日吉は手で（待って）という仕草でマルクスを制止した。

日吉の中で、フツフツと正義感が頭をもたげてきた。住吉の怒号がひと息ついたのを見計らい、日吉は反撃を始めた。

「お言葉ですが、リスクを怖がって投資を削るのは間違っていると思います。リスクがあるところに新しいチャンスがあるんです！」

一方的に言い負かしたと思っていた住吉は、日吉の思わぬ反撃に戸惑った。

「何だと？　お前、もう一度言ってみろ」

「リスクを取って価値を生む事業に投資して、収益を元に給料を上げるべきです」

「経営のイロハも知らん小娘に、何がわかる！」

住吉は吐き捨てると席に戻り、再びデスクに足を乗せて話し始めた。

「経営は命がけなんだ。お前は17年前の地獄を知らんだろう。あの時に会社を託された俺は『会社存続が最優先』と骨身に染みて学んだ。俺は社員の生活を預かっている。俺は何と言われてもリスクは徹底排除して、コストを削減する。会社が潰れれば路頭に迷うのは社員だ。お前は偉そうに夢物語を語っているが、成功は誰が保証する？」

「『生活を守っている』なんて大嘘もいいとこです。現実には給料は下がり続けて、再雇用でさらに半減です。この会社は15年間以上も何一つ挑戦していません。むしろ誰も成功を保証しないから、チャンスがあるんです！」

二人の激しいやり取りを、小杉は目を丸くして見ていた。

（おいおい日吉。住吉副社長にそれって、さすがにヤバいぞ……）

住吉は顔を真っ赤にさせ、日吉を指さして立ち上がった。

「日吉！　お前、自分の立場ってものをわかっていないな。お前のチームは社長直轄かもしれないが、俺は人事部を握っている。本日付けで、お前らは全員クビだ」

小杉が（ボクはクビ？　日吉のせいだ〜）とパニックになり、怒りに燃える住吉の目と、住吉をにらむ日吉の目がバチバチ火花を散らして交差したその瞬間、日吉の横にあるドアが開いて、大柄な男が入ってきた。

「いやぁ、ゴメンゴメン。最初から参加するつもりだったんだけど、遅れちゃって」

そこには笑みを浮かべた祐天寺大介社長が立っていた。

祐天寺を見た瞬間、激昂していた住吉は自分の席に戻り、座った。

「住吉さんとは本当に長い付き合いだ。僕たちの仲だからさ。率直に言うよ」

祐天寺は険しい住吉の顔を正面から見つめながら、笑顔で話し始めた。

「正直、僕は『判断を間違った』と思っている。あなたに会社を任せてウチは生き延びたけど、衰退している。リスクに挑戦していたこの会社は、何も挑戦しない組織に変わってしまった。このままでは『生きているだけのゾンビ』になってしまって、企業として存在価値がなくなってしまう。ここらで新規事業を始めるタイミングじゃないかな？」

住吉は不愉快そうな顔で黙っていた。そんな住吉に祐天寺は頭を下げる。

「僕も住吉さんにすべて任せてしまって、本当に申し訳なかった。僕もやっと全快したから社長業に戻るよ。再びこの会社を一緒に発展させよう」

にこやかに笑いながら、祐天寺は住吉に右手を差し伸べた。住吉は目を閉じて口を真一文字に結び数秒間ほど何か考えていたが、目を見開き黙って祐天寺と握手した。

二人の握手が終わると、祐天寺は日吉たちに話し始めた。

「それにしても、この怖い住吉さんとガチでケンカする人って、初めて見たよ」

祐天寺は「はははは」と笑って、ふと思い出したように言った。

「そう言えば、僕が『日吉さんに新規事業をお願いしよう』と思ったきっかけもそうだったんだ。日吉さんは『正しい』と思うと絶対に引かないし、行動力も突破力もある。何よりも『この会社を世界一にする』って、本気で考えているからね」

祐天寺は愉快そうに笑った後、真面目な顔に戻ってこう言った。

「このプロジェクトは僕が認める。ただ、日吉チームは独立した会社にしよう」

これには日吉が驚いた。

「独立した会社って、どういうことですか？」

「日吉チームを新会社として独立させて、スタートアップとして運営して、新規事業を始める。親会社はUDサービスだが、僕もポケットマネーで新会社立ち上げに必要なお金を出すよ。だから当面、お金の心配はしなくてもいい」

小杉がおずおずと「なんで、新会社にするんですか？」と尋ねた。

「皆さんが頑張ったおかげで、この事業も成長する見通しが付いた。今必要なのは、さらなる成長へのタイムリーな投資だ。そのためにはスタートアップの方が何かと投資しやすい。それに加えて、新規事業立上げは臨機応変な判断と行動が絶対に必要だ。僕もこの会社を創業した頃はそうやってきたよ。残念ながら現在のUDサービスは古いしきたりも多いし、動きも鈍い。それらに縛られずに、自由に活動してほしいんだ」

小杉がさらに「UDサービスとの関係は、どうなるんですか？」と尋ねた。

「もちろんUDサービスの社内リソースは、自由に使っていいよ。失敗を恐れずに、どんどんリスクに挑戦してほしい」

突然の話で事態を飲み込めない日吉は、戸惑いながら質問する。

「スタートアップの新会社って……社長は誰ですか？」

「そりゃあ、日吉さんしかいないでしょ。それとも他の人がいい？」

祐天寺がマルクスと小杉を眺めると、２人とも首をプルプルと横に振った。

「わ、私が社長ですか？」

突然の話にアタフタする日吉の傍らで、小杉は微妙な顔をしていた。

（おいおい、日吉が社長って大丈夫かよ？　ぶっちゃけ、不安しかないんだけど）

Story 7

「深川から一歩も出るな」を徹底したセブン-イレブン

――TAMから始めよ

こうして日吉慶子は一夜のうちにスタートアップの社長となった。しかし、チームを持った1カ月前はただの平社員。社長など異次元の未体験ゾーンである。

(祐天寺社長も相変わらず無茶振りね。社長って一体、何すればいいの!?)

ふと気付くと、傍らに管理部長の代官が笑顔で立っていた。

「スタートアップの社長にご就任と伺いました。誠におめでとうございます」

礼儀正しくお辞儀をする代官に、日吉が「あ、どうも……」と返事をすると、

「今後の作業をまとめました。手短にお話しします」

代官は資料を1枚手渡し、説明を始めた。


15分後、代官は「……以上です。よろしくお願いいたします」と言って、丁寧にお辞儀をして去っていった。

(会社名を決めて、社印作成、会社登記、銀行口座開設。さらにオフィスの場所やら総務や会計サービスの委託先を決めて……。新規事業だけでも忙しいのに、これもやるのね。まずは社名を決定しないと何も進まないわね)

日吉は社名を考えてみたが、アイデアが出てこない。

チームメンバーにメッセージで「社名のアイデア、ありますか?」と聞くと、小杉が

『カケハシ』は？ 社会の課題をテクノロジーで埋める『架け橋』＝『カケハシ』としてご支援していく、って感じかな」と言ってきた。

マルクスもすぐに「いいデスネ」と返事をした。反町と網島からの返事はない。

日吉が「じゃあこれで決めますね」と返して社名は「カケハシ」で決まり。それから数日間、日吉は会社設立に奔走してひと通り片付けた。

そして新会社の名刺が届いた。

「カケハシ株式会社　代表取締役　日吉慶子」

突然、日吉は自分が社長になったことをリアルに実感し始めた。

（これから会社の全責任が、私一人にかかるのね……）

新会社『カケハシ』の売上はゼロ。当面は親会社UDサービスと祐天寺社長からの出資金で食い繋ぐ。自分と社員の給料も出資金から出る。売上がないと、お金は減る一方だ。

ここで日吉はふと気付いた。

（**お金が底をつくと、この会社はどうなるの？**）

祐天寺は「当面、お金の心配はしなくてもいい」と言っていたが、意味がよくわからなかった。さっそく代官にメッセージで聞くと、シンプルな回答がすぐに返ってきた。

「会社は業務停止になり、倒産です」

（うわ。社員全員が路頭に迷うのね。そうか。お金がなければ当然ね）

日吉は、住吉副社長が言った「会社存続が最優先。何と言われても、リスクは徹底排除してコストを削減する」という言葉の真の意味を、やっと理解した。

（ビジネスって、こうやって身銭を切っているのがリアルな姿なのね……）

自分が担当する仕事は、リーダーだった時と同じ新規事業開発だ。しかし、立場が変われば同じ仕事でも認識が一変することを日吉は実感し始めていた。


一方で、今や『影武者』は数多くの試用ユーザーから高く評価されていた。

新たにカケハシに加わったプログラマーの反町と綱島の製品開発チームも動き始めていた。

しかし、反町はオフィスに来ない。異動初日だけは挨拶のためにオフィスに来たが、その後はずっとリモートワーク。チームの打合せも、パソコンでリモート参加。参加してもカメラはオフで終始無言。いるのかいないのかもよくわからない。しかし、製品開発業務は多摩川園子とメールやメッセージで頻繁にやり取りしており、引継ぎは順調に進んでいるようだ。日吉たちには進捗報告がマメに届いていた。

一方の綱島はオフィスにはいるものの、打合せに参加するように声をかけると「俺、忙しいんでムリっす」と言っていつもどこかに消え、一切参加しなかった。

そんな状態の製品開発チームだったが、ユーザーの問合せにも対応していた。

『影武者』の価格も正式に決定して、製品を売る準備も整った。

しかし、新会社カケハシには相変わらず売上は1円も入っていない。

日吉は（早く売上を立てなきゃ）と焦り始めていた。


「そろそろ『影武者』の販売を始めてもいいんじゃないかな？」

チームの打合せで日吉が切り出した。するとマルクスは首を横に振った。

「売り始める前に、最初に誰に売るのかを決めるべきデス」

「『影武者』の試用ユーザーはもう20社いるし、このお客を中心に徐々に拡げればいいでしょ？」

日吉が言うとマルクスは首を振った。

「それではムダな競争に直面しマス。**まずTAMを決めて独占して、拡げる**んデス」

「タン？　皆で焼肉か何か食べるの？　ゆうべ友だちと食べちゃったけど」

日吉が言うと、マルクスが答えた。

新規事業開発ではTAMを独占し、拡大していく

TAM＝自社製品が受け入れられる市場

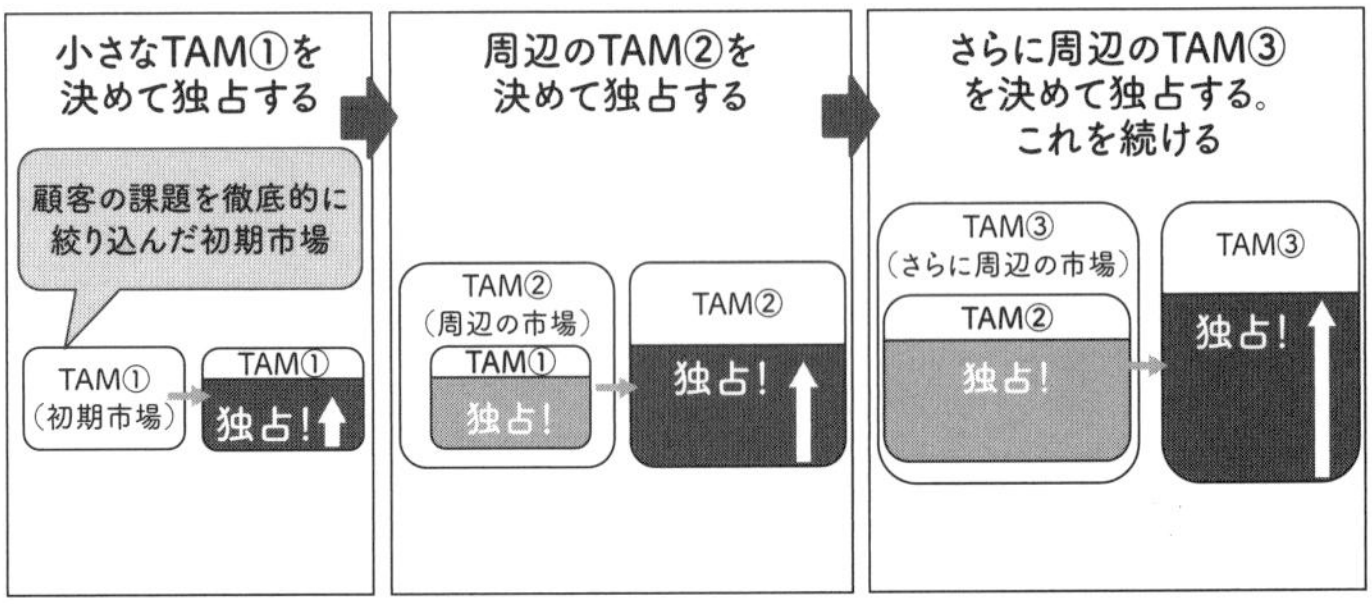

「ソレは牛タン。『タム』デス。トータル・アドレッサブル・マーケット（Total Addressable Market）の略デス」

「意味不明なんですけど」

「自社製品が受け入れられる市場のことデス」

　マルクスは絵を描いて説明し始めた。

「まずお客の課題を徹底的に絞り込んだ『小さなTAM』を決めて、独占しマス。次にTAMをその周辺市場に拡げて、独占しマス。これを続けて市場を拡大していくんデス」

　日吉が首を傾げた。

「具体的にどうするの？」

「インターネットが普及し始めた頃、多くの人が『オンラインでは手で商品を確認で

きないのでモノは売れない』と考えてマシタ。アマゾンはこの時期に創業していマス。**書籍は同じ書名なら同じ商品だし、新品ならば安心して買えマス**。そこでアマゾンはTAMを『新品の本のオンライン販売市場』に決めて、独占しマシタ。次のTAMも同様に安心して買える『CDやDVDのオンライン販売市場』に決めて、独占しマシタ。こうしてアマゾンはTAMを徐々に拡げて、オンライン販売の圧倒的強者になったんデス」

小杉が「アマゾンが巨大なのは、地道にTAMを拡げた結果なのか」と納得した。

「コンビニで圧倒的強者のセブン-イレブンも同じデス。最初のTAMは東京都江東区の深川地区デシタ。セブンが1974年に江東区豊洲にコンビニ1号店を出した後、**『深川から外に一歩も出るな』という合い言葉で、江東区深川地区に出店し続けて、深川地区のコンビニ市場で圧倒的なシェアを獲りマシタ**。そして徐々に周辺へ商圏を拡大しマシタ。セブンが47都道府県にコンビニを展開し終えたのは2019年。ローソンやファミマよりもずっと遅いんデス。セブンも時間をかけてTAMを拡げたんデス」

日吉が納得いかない様子で尋ねた。

「そんなにチマチマと小さな市場を考えずに、最初からドドーンと大きな市場を狙った方がよくない？　大きい方が、チャンスも大きいでしょ」

「大きい市場には、強いライバルもいマス。最初から彼らと競争すると失敗しマス。小さい市場なら誰も気が付かずライバルも来マセン。小さい会社でも独占できマス。**独占すれば、その市場ではまず負けマセン**。TAMにいるお客からも認知され、経験も蓄積できて、収益も上がりマス。そしてTAMを独占したら、TAMを周辺に拡げて、蓄えた経験とスキルを活かしてまた独占。これを繰り返すんデス。**TAMの基本は、まず競争せずに小を独占して、徐々に大に拡げること**なんデス」

説明を聞いて、日吉が「なるほどね」と納得した。

「だったら、『影武者』の最初のTAMをどこにするか、考えなきゃね」

その翌日。バリューマックスの副社長・宮前久美との商談を終えた日吉は、考え込んでいた。宮前からこう言われたのである。

「『影武者』、使ってみたけどいいわね！　私、ウチの『ヤマクラフォーキャスト』に『影武者』の機能を付けたいんだけど、これって対応できる？」

『ヤマクラフォーキャスト』とはバリューマックスの主力商品だ。顧客の社内外にあるクラウド上のデータを集めて分析し、将来のリスクを予測できる。誰も気付かなかった詐欺や不正の兆候もあぶり出せるので、世界中で多くの企業に採用されていた。

ただ、最近の宮前の悩みは『ヤマクラフォーキャスト』の予測精度がイマイチ上がらないことだという。クラウド上にある情報の持ち主がわからないからだ。情報の持ち主の氏名・所属部門・役職などがわかれば予測精度が一気に上がるのだが、多くの企業ではそうした情報は整理されていない。

そこで宮前は『影武者』に注目した。『ヤマクラフォーキャスト』に、クラウドとユーザーを紐付けて管理する『影武者』の機能を付ければ、クラウド上のデータの持ち主情報も加えて分析でき、予測精度は一気に高まるのだという。

しかし、日吉にはそれをどうやって実現すればいいのか、見当も付かない。

(チームで相談するしかないわね)

日吉はチームの打合せで、宮前からの要望を報告した。

「つまり『ヤマクラフォーキャスト』の中で『影武者』を使いたい、っていうのが宮前さんの要望なのよね。どうすればいいかな?」

小杉が困った顔で言った。

「それって『影武者』の設計図そのものであるソースコードをバリューマックス社に提供して、『ヤマクラフォーキャスト』に組み込んでもらうしかないのかな?」

マルクスが顔を紅潮させて言った。

「ソースコードが外部に漏れたら、誰でも『影武者』のコピーをつくり放題になりマス。絶対に出してはダメデス！」

するると突然スピーカーから声が出て、日吉・マルクス・小杉はビックリした。

「そんなのは、ＡＰＩをつくれば済む話です」

声の主は、パソコンでリモート参加していた反町だった。いつもいるかいないのかわからない反町が、突然会話に入ってきたのである。しかも意味不明な言葉だ。

「反町さん、その『Ａ何とか』って何ですか？　あと、なぜそれが必要なんですか？」

日吉が尋ねると、しばし沈黙の後、スピーカーから反町の声が聞こえた。

「ＡＰＩとは、要はソフトウェア同士を繋げる架け橋です。ＡＰＩを使えば『ヤマクラフォーキャスト』から『影武者』を使えます」

答えがあまりにも簡潔過ぎて、逆によくわからない。今度は小杉が尋ねた。

「つまり『影武者』のソースコードは提供しなくてもいい、ってことですか？」

「もちろん」

スピーカーから反町の声がした。そこで小杉が尋ねた。

「そのＡＰＩって、どうやればできるんですか？」

またしばらく沈黙が続いた後、再び反町の声がした。

「もう午後5時半です。就業時間を過ぎました。今日は仕事をあがります」

反町はそう言うなり、オンライン会議から消えた。

三人はぼう然としていた。しばらく経って、日吉が小杉に尋ねた。

「で、小杉クン。『A何とか』って結局、何？　私、いまだにわからないんだけど」

小杉はその場でネットで検索したり生成ＡＩに尋ねたりして10分ほど調べていたが、

「なるほど！」と声をあげて、日吉とマルクスに説明を始めた。

「たとえばお客さんのオフィスに急ぐ時に、よくタクシーアプリのＧＯを使うよね。ＧＯを使うと、自分の場所が地図に表示されたり、料金をペイペイで決済できる。これはＧＯがグーグルマップやペイペイの機能を呼び出して使っているんだ。ボクたちがスマホで使っているアプリは、こうして互いにアプリ同士が連携し合っている」

「じゃあ、私がいつも頼むウーバーイーツで配達員がいる場所が地図でわかるのも、ウーバーイーツがグーグルマップの機能を呼び出しているから？」

日吉が尋ねると、小杉はうなずいた。

「その通り。**これはグーグルマップが、ＧＯのような他アプリから地図機能を使える仕組みを提供しているおかげ**なんだよ。反町さんは『グーグルマップのように『影武者』を外から使える仕組みをつくれば、『ヤマクラフォーキャスト』から『影武者』を使えるよ』

って言っているらしい。この仕組みをITの専門用語で**API（アプリケーション・プログラミング・インターフェイス）**と呼ぶんだよ」

黙って話を聞いていたマルクスが、次第に興奮し始めた。

「素晴らしいデス！　これができれば『ヤマクラフォーキャスト』の予測精度を高めたいお客は、必ず一緒に『影武者』も買いマス。つまり、『ヤマクラフォーキャスト』が売れれば、一緒に『影武者』も売れマス！」

「それってすごい話だわ！　だったら『影武者』のTAMは『ヤマクラフォーキャスト』を前提に考えたらいいんじゃない？」

「イエース！　顧客の課題が明確デス。しかもバリューマックスと協業すれば、TAMの全顧客を把握できマス。理想的なTAMデス」

「いいわね！　バリューマックスの営業と協業すれば『影武者』も売れるし、TAMも独占できる。私たち、まだ営業がいないから助かるわ」

盛り上がっている日吉とマルクスをよそに、小杉はしばらく考えて言った。

「でもこれって、反町さんが『影武者』のAPIをつくるのが前提だよね。反町さん、つくってくれるかなぁ」

日吉がニコニコしてウンウンとうなずきながら、小杉に言った。

「さすが小杉クンね。とても大事なポイントだわ。反町さんと話して、その『A何とか』を開発するように、お願いしてくれる?」

「え? ボクが話すの? マジかよ……。反町さん、話を聞いてくれるかなぁ」

翌日。小杉は悩んでいた。反町に直談判しようにもオフィスにはいない。基本、自宅からリモートワークだ。そこで小杉は、まず反町にメッセージを送ってみた。

「昨日お話ししていたAPIの件で、ご相談があります」

しばらく経ってから、反町から返事が来た。

「何でしょうか?」

「『影武者』のAPIを、開発していただけないでしょうか?」

10分ほど経ってから、返事があった。

「私は、多摩川さんが開発した『影武者』の製品開発を引き継ぐことが仕事だと言われてこのチームに異動しました。APIの開発は、私の仕事ではありません」

小杉は、思わず目が点になった。

(この人、一体何言ってんの?)

小杉は再度メッセージを送った。

「直接、お話しさせていただけませんか？　昨日あの後、日吉とマルクスで話し合って、このAPIの開発が『影武者』成功のカギだ、という結論になったんです」

しかし、今度はいくら待っても返事がない。小杉は頭を抱えた。

（おいおい、反町さん、ガン無視かよ……。オンラインコミュニケーションって、本当にもどかしいなぁ。どうすりゃいいんだ？）


翌日の夕方。反町は5時半きっかりに自宅でのリモートワークを終え、近所に買い物に出かけた。コロナ禍後の数年間続けている反町のルーティンである。

若い頃の反町は、まったく違う働き方をしていた。

高いソフトウェア開発力を持っていた反町は、学生の頃からソフトウェア開発界隈で活躍していた。そして「ソフトウェアで世界を変える」という志を持って当時成長著しかったUDサービスに入社。入社後は斬新なソフトウェア製品を次々開発した。この頃の反町は、オフィスで夜遅くまで夢中になって創意工夫して仕事をしていた。

しかし祐天寺社長が倒れ、会社が低迷を始めて下請け仕事が中心になると、社内の雰囲気は一変した。まず、新製品開発はすべて中止。そして下請け業務のソフトウェア開発で反町が創意工夫しようとすると、上司から「余計なことは一切やるな。お前は発注元が決めた仕様の通り開発すればいいんだ」と怒られるようになった。

当初、そんな上司に「これはお客様のためです」と反発していた反町だったが、いくら言っても上司は「余計なことはやめろ」の一点張り。しかも、創意工夫して頑張っても客から感謝の言葉はないし、ビジネス結果も変わらない。

次第に反町は「この会社では自分の力は活かせない。頑張ってもムダだ」と考えるようになった。かといって転職するのも面倒だった。そして反町はこう考えるようになった。(会社の仕事で創意工夫しても社会に貢献できない。むしろ社外で社会貢献した方が、よほど世の中のためになる)

そして、活躍の場を社外のソフトウェア・エンジニア・コミュニティに移し、会社の仕事は基本リモートワークで、言われたことだけを最小限やるモードに切り替えたのだ。

反町が買い物から帰宅すると、郵便受けに手紙が入っているのを見つけた。

小杉からの手紙だった。手紙には『影武者』プロジェクトが生まれた経緯と、プロジェクトにかけるチームの思いが手書きで綴《つづ》られていた。そして、間もなく販売が始まる『影武者』で最初のターゲット市場を攻略する上で、ＡＰＩが必須となることも書かれていた。

手紙の最後はこう締め括られていた。

「反町さんの力がどうしても必要です。よろしくお願いいたします　小杉武蔵」

反町はつぶやいた。（ふーん。「どうしても必要」ねぇ……）

反町は、リモートから参加している日吉チームの打合せを思い出していた。

（確かに日吉チームって、ウチの他の部門とはなんか違う感じがするんだよなぁ）

そのタイミングを見計らったように、スマホに小杉のメッセージが届いた。

『反町さん、ご自宅にボクの手紙は届きましたでしょうか？』

反町はしばし考えた後、オンライン会議をセットして小杉に返事をした。

『少しだけ、お話ししましょうか』

そうして始まった小杉と反町の話は、その日の深夜まで続いた。


翌日行われた日吉チームの打合せでのこと。打合せが終わり、日吉が「他にありますか？」と全員に聞くと、スピーカーからそれまで沈黙していた反町の声がした。

「ＡＰＩの開発完了は、１週間後でいいですよね」

小杉が驚いて聞き返した。

「え？　反町さん、対応していただけるんですか？」

「本当に必要なら、やらない理由はありません。あと、今後の『影武者』の機能追加については、まず小杉さんが判断してください。小杉さんが『必要』と判断したら、私の方で対応が可能かどうか検討しますから」

自宅にいる反町のスピーカーからは、「やったー！」「反町サン、ありがとうございマス」「小杉クン、お手柄！」というオフィスの大歓声が聞こえてきた。

歓声を聞きながら、自宅にいる反町は硬い表情を思わずやわらげた。

（日吉チームって、熱いな。まるで昔のUDサービスみたいだ）

一方のカケハシのオフィスでは、日吉は拳を握りながら立ち上がった。

「これで勝てるわ！　バリューマックスと協業して、まず『ヤマクラフォーキャスト』のユーザーをTAMに決めて、独占しましょう！」

翌月。APIを実装した『影武者』がついに正式発表され、販売も開始。試用中のユーザー企業20社は全社が正式版を導入。新会社カケハシの初売上が立った。売上金額は社員一人の給料に満たないほど少額だが、売上ゼロから脱却したのだ。

バリューマックスとの協業も始まり、『影武者』は『ヤマクラフォーキャスト』の国内中小企業ユーザーの間にジワジワと広がっていった。

『影武者』発表の1週間後、トライアンフの港未来の秘書から日吉にメールが届いた。

『港の秘書でございます。港より、急ぎのご相談事項がございます。下記日時に当社オフィスにお越しください。詳細は、お越しいただいた時にお伝え申し上げます』

文章は丁寧だが、相変わらずこちらの都合を一切考えない一方的な内容だ。(何かありそうね)と感じた日吉は、マルクスと小杉に声をかけて三人で行くことにした。


三人がトライアンフにある港の部長室に入ると、彼女は「子会社の社長にご就任されたそうですね。私も昇進しました」と言って名刺を差し出した。

「株式会社トライアンフ　製品事業本部　製品開発部　部長　港未来」とある。

「社員4万人の当社は精鋭の営業部隊を擁しています。製品開発部は、その営業部隊に売れる商品を提供することが使命です」

港は淡々と話し始めた。

「ところで先日、御社が発表した『影武者』。あの製品、悪くありませんね。さすがにウチが育てたUDサービスさんだな、と感心しました」

日吉は(育ててもらった覚えなんて、ないんですけど)と思いながら黙っていた。傍らでマルクスが怒り始めているのが感じられる。その横で小杉は黙っていた。

「でもこの製品、あなた方で売るのは大変じゃありません？　この15年、あなた方は何一つ新商品を出せていませんからね。持て余して失敗するだけでしょう」

港は表情を変えずにそう言った後、切り出した。

「ここは超一流の営業力を持つ私たちに任せるべきです。私たちが代わりに『影武者』を売って差し上げます」

港は右手の指を2本挙げた。

「ただし、二つ条件があります。一つ目。『影武者』の弊社への仕入れ値は、私たちの厳格な社内ルールに従っていただきます。二つ目。『影武者』はトライアンフの独占販売といたします。あなた方が直販で売るのも他社経由で売るのも、一切認めません。売上はすべて私たちが管理させていただきます」

日吉は話が進むにつれて、怒りがグツグツ煮えたぎり始めていたが、表面上は笑顔を絶やさずに冷静を装って、考えていた。

（要は『影武者』はタダ同然で提供しろ。しかもトライアンフだけに売らせて、お前たちは一切売るなっていう、超ムシのいい話ね。ゼッタイあり得ないんだけど）

港はひと通り話した後、笑顔のまま沈黙を続ける日吉に話を振った。

「つまりあなた方は、トライアンフの看板と営業力を最大限に利用して『影武者』を日本中の企業に届けられます。当社としては異例の特別扱いです。こんないい話、なかなかありません。日本を変える大きなチャンスです。どうですか？　日吉新社長」

（どう言ってやろうかな）と思った日吉が「ウチはですね……」と話そうとした瞬間、隣に座っていたマルクスが突然、顔を真っ赤にして立ち上がった。

「お言葉を返すようデスガ、慎んでお断り申し上げマスッ！」

丁寧なのか何なのかよくわからない変な日本語で、港に言い返した。

港は無表情のまま立ち上がったマルクスを見上げた。マルクスは続けた。

「不愉快デス。こっちの話、何も聞いてないじゃないデスカ！　アンフェアデス！」

「心外ですね。あなた方に『影武者』を売る力がないのは明白です。いい製品がムダになるのは忍びないから、親心で助け船を出しているんですよ」

今度は小杉がブチ切れた。

「そんなのは親心なんかじゃない。単なる迷惑だッ！」

港はマルクスと小杉を交互に見て（フッ）と息を吐いた後、日吉を見る。

「不思議な人たちですね。まぁ、いいです。で、日吉新社長のご見解は？」

港は半分バカにしたように丁寧な口調で日吉に問いかけた。

日吉は港を真正面から静かに見据えて、深々と頭を下げた。

「まず、二人の失礼な態度を深くお詫びいたします」

港は無表情に日吉を見下して眺めた。

「で？」

「改めて私から申し上げます。当社としてこの話、到底受け容れられません」

「断る？　こんないい話を？　この製品を売るなんて、あなた方は到底ムリでしょ」

「ご心配は無用です。自分たちでちゃんと売って、必ず成功させます」

「こうしてわざわざ貴重な時間を取ったのに……。そういう誠意のないご返事ですか。私は別に構いませんが、後で後悔しても遅いですよ」

会議はそこで終わり、三人はトライアンフのオフィスを後にした。


トライアンフのオフィスを出るとすでに夕刻だった。肩をいからせてスタスタ歩いていた日吉は、後ろで歩いていたマルクスと小杉を振り返らないまま、言い放った。

「小杉クン！　マルクス！　今日はこれから渋谷で、徹底的に飲みますッ！　社長のおごりです」

「徹底的に付き合いマス！」

マルクスは即答したが、小杉は小さく「ヒッ！」と叫んだ。

2時間後。三人は渋谷・道玄坂の途中の路地を曲がった先にある居酒屋にいた。

「港ぉ、許さじ！　アンタとトライアンフなんか、飲み干してやるッ！」

日吉は2本目の一升瓶を両手で掲げて、ゴクゴクゴクっと一気飲みした。

マルクスは頭にネクタイを巻いて「ケイコサン、イッキ、イッキ！」と叫んでいた。どうもマルクスの日本の時代設定認識は、バグっているようだ。その横では、ビール1杯で酔い潰れた小杉が「もう飲めましぇん」とつぶやいて、へたっていた。


日吉たちが居酒屋で盛り上がっていた頃、プログラマーの綱島は居酒屋の近くにあるカケハシの製品開発ルームにいた。綱島は周囲に人がいないことを確認すると、ポケットからUSBメモリーを取り出してパソコンに挿し込み、画面をあけてファイルを探し当てて、『影武者』のソースコード・営業資料・企画資料などの全情報をコピーした。綱島は自分に言い聞かせていた。

（ビビるな俺。これは俺の人生で、最大のチャンスなんだ）

数週間前のこと。綱島はヘッドハンティング会社の紹介でトライアンフの港と面接し、港から2倍の給料と課長のポジションを提示されていた。

「当社は『影武者』と同等のサービスをすぐ立ち上げたいと考えています。『すぐに』です。手段は問いません。『影武者』を熟知するあなたには特別に期待しています。開発課長のポジションと、それなりの給料も用意します」

港はまず、綱島に「2倍の給料と役職」というニンジンをぶら下げた。次に明言を避けて慎重に言葉を選び、「ただし条件は、完コピ版『影武者』をつくること」というプレッシャーを綱島に与えた。そして綱島は、彼なりに考えた。

「やっと俺にもチャンスが回ってきたぞ。完コピ版『影武者』をつくるには最新版のソースコードを入手することだ。でも、考えてみれば簡単だよな。周囲に退職の気配は一切見せず、トライアンフ入社前日の夜に『影武者』をコピーして、退職届を机に置いて退職すればいいだけじゃん」

USBメモリーにすべてコピーし終えたのを確認した綱島は、懐に忍ばせた退職届を日吉の机の上に置いてオフィスを出た。時刻はすでに午後11時30分を過ぎていた。

渋谷の街は人通りが少なくなっていた。綱島は大事なUSBメモリーを懐に入れて前屈みで身を隠すように歩いていたが、ふと正面を見て「うわッ」と小声で叫んだ。

目の前5メートルに「港のバカやろ～」と言いながら千鳥足で歩く小杉がいたのである。小杉のすぐ後ろには、日吉とマルクスが肩を組んで「そうだそうだぁ！」「ゼッタイに許しマセンッ！」と気勢を上げて歩いていた。

綱島は慌てて身を隠したが、泥酔する三人は綱島にまったく気付かなかった。


その翌朝、綱島はトライアンフの部長室で港に挨拶していた。

「『影武者』と同等のサービス、すぐ楽勝で立ち上げます。準備も万全ッす」

そう言いながらニヤッと笑って、昨晩コピーしたUSBメモリーを懐からチラッと見せた。港は無表情のままそれを眺めて、綱島に「期待しています」とだけ言った。

綱島は「俺に任せてください」と力強くうなずいた。

（『影武者』のソースコードも関連情報も全部持ってきた。これで完璧でしょ）

そんな綱島を見ながら、港は考えていた。

（上手くいったわ。『影武者』のソースコードを入手してしまえば、こっちのもの。日吉慶子がOKしないことを想定したプランBが効いたわね。もし日吉があの打合せでOKすれば、ヘッドハンティング会社経由で「想定外の状況が起こって採用できなくなった」とこの子に伝えて、プランBを破棄すればいいだけの話と思ってたし。それにしても、業界最大手に刃向かうなんて。日吉も本当に愚かな女ね）

Story

8

強者の勝ちパターンを知れ

――ミート戦略

2週間後のある朝。

「日本経済新聞」を広げた日吉慶子は「わッ！」と大声を上げた。

トライアンフの新商品『鬼武者』の発表が大々的に報じられていたのである。

記事のタイトルは「業界最大手　初のクラウド管理サービスを発表」。

記事には昨日の発表記者会見の写真が大きく掲載されていた。製品事業本部長・高島新の横には部下の港未来が座っていた。機能は『影武者』と瓜二つである。

日吉がトライアンフのホームページを見ると、『鬼武者』が大々的に紹介されていた。日吉チームで議論を重ねてつくり上げた内容がそっくり紹介されている。『影武者』の販促資料を製品名だけ変えて掲載したページもある。日吉は声をあげた。

「やられた！　しかも『鬼武者』って『影武者』を一文字変えただけじゃない！」

『影武者』は先行して販売していたが、限られた人員で『ヤマクラフォーキャスト』のユーザー獲得を優先していたので、情報発信やメディア発表は後回しだった。このため第三者目線では、トライアンフが業界初に見えてしまう。

日吉がネットを見ていると、『鬼武者』の広告動画が表示された。動画では製品事業本部長の高島新が両手を広げた独特のポーズを決め、よく通る声で語っていた。

「クラウドの本格活用が始まる中、全社でクラウドを管理している企業はごく一部。多くのムダが生じています。トライアンフはこの課題に『鬼武者』でお応えします」

まるでトライアンフが真っ先に顧客の課題を見つけ、解決のために果敢に挑戦する印象を強烈に与えている。

日吉は「一体、何が起こっているの？」と混乱していた。


ちょうどその頃、港未来は高島新の役員室にいた。

「本日、『鬼武者』を正式リリースしました。マスコミの反応も好感触です。昨日、本部長が直々に主要メディアへのプレリリースでお話しいただいたおかげです」

深々とお辞儀をする港を見て、高島はご満悦である。

「新設の開発部長に就任し、すぐさま新製品をリリースして大反響。さすがだな。『影武者』とかいうウチのコピー商品は即刻、市場から叩き出してくれ。下請けのUDサービスは言いなりだし、使い勝手もいいからビジネスと割り切って付き合ってきたが、オレは昔からあの祐天寺ってヤツがどうにも気に食わんのだ」

「承知いたしました。今後は大々的なプロモーションを行い、業界リーダーとして市場の認知も一気に獲得し『影武者』を葬り去ります。お手間をお掛けいたしますが、お願いしておりましたあちらの件も、何卒よろしくお願い申し上げます」

「任せておけ。古巣の購買部はオレの言いなりだ」

港は再度深くお辞儀をして役員室を後にしながらつぶやいた。

（ビジネスなんて楽勝ね。弱小企業がやっていることに目を光らせて、いいモノを見つけたら、ヒト・モノ・カネを大量投入して取り込めばいい。日吉慶子もウチの言う通りにしていればよかったのに。ネズミが虎の尾を踏むとこうなるのよ）


一方のカケハシのオフィスでは、小杉、マルクス、日吉が会議室に集まっていた。

日吉は激怒していた。

「丸パクリして何が業界初なの？　港のヤツ、恥ずかしくないの？」

小杉も腕を組んで足を揺すっていた。

「ゼッタイ、綱島の仕業だ。辞め方が怪しかったし。SNSに『業界トップのトライアンフに転職しました〜』ってドヤ顔で投稿してたし」

マルクスも普段は口にしない「シット！」「ガッデム！」という罵り英語をつぶやき、髪をかき上げながら言った。

「悔しいデスが『**強者の戦略**』の基本デス。強者トライアンフも盤石ではありマセン。周囲はライバルだらけ。次々に差別化戦略を仕掛けてきマス。だから常に弱者に目を光らせて、弱者の差別化戦略を無効にする戦略を仕掛ける。強者の戦略の基本『**ミート戦略**』

『**同質化戦略**』デス。港サンは戦略をよくわかってマス」

「あの港をほめるの？　信じられないわ」

「モチロンこのやり方は汚いデス。ただここまで汚くなくても、強者がミート戦略を仕掛けた例はたくさんありマス。最近では、**楽天モバイル**と**大手携帯電話会社**の競争デス」

マルクスはホワイトボードに絵を描き始めた。

「2020年、楽天は楽天モバイルで携帯電話市場に参入しマシタ。当時、日本の携帯電話はau、ソフトバンク、ドコモ3社の独占。料金は月額6000〜7000円デシタ。それに対して楽天モバイルはデジタル技術の活用でコストを下げ、月額2980円で参入しマシタ。でも、**強者の大手3社は2480〜2980円の格安プランで対抗して、楽天は1980円に値下げせざるを得ませんデシタ**。価格差は1000円に縮まり、楽天は『超格安』という売りを封じられ、立ち上がり直後の売上が減って苦戦したんデス」

「マルクスって米国人なのに、相変わらず日本市場にやたら詳しいわね」

「まだありマス。1980年、大塚製薬が『発汗で失われた水分とイオンを補給』というコンセプトでポカリスエットを発売して一気に売れ始めマシタ。そこで飲料業界の王者コカ・コーラは、1984年にサッパリした味の対抗製品アクエリアスを発売しマシタ。さ

「ミート戦略」は〝強者の戦略〟

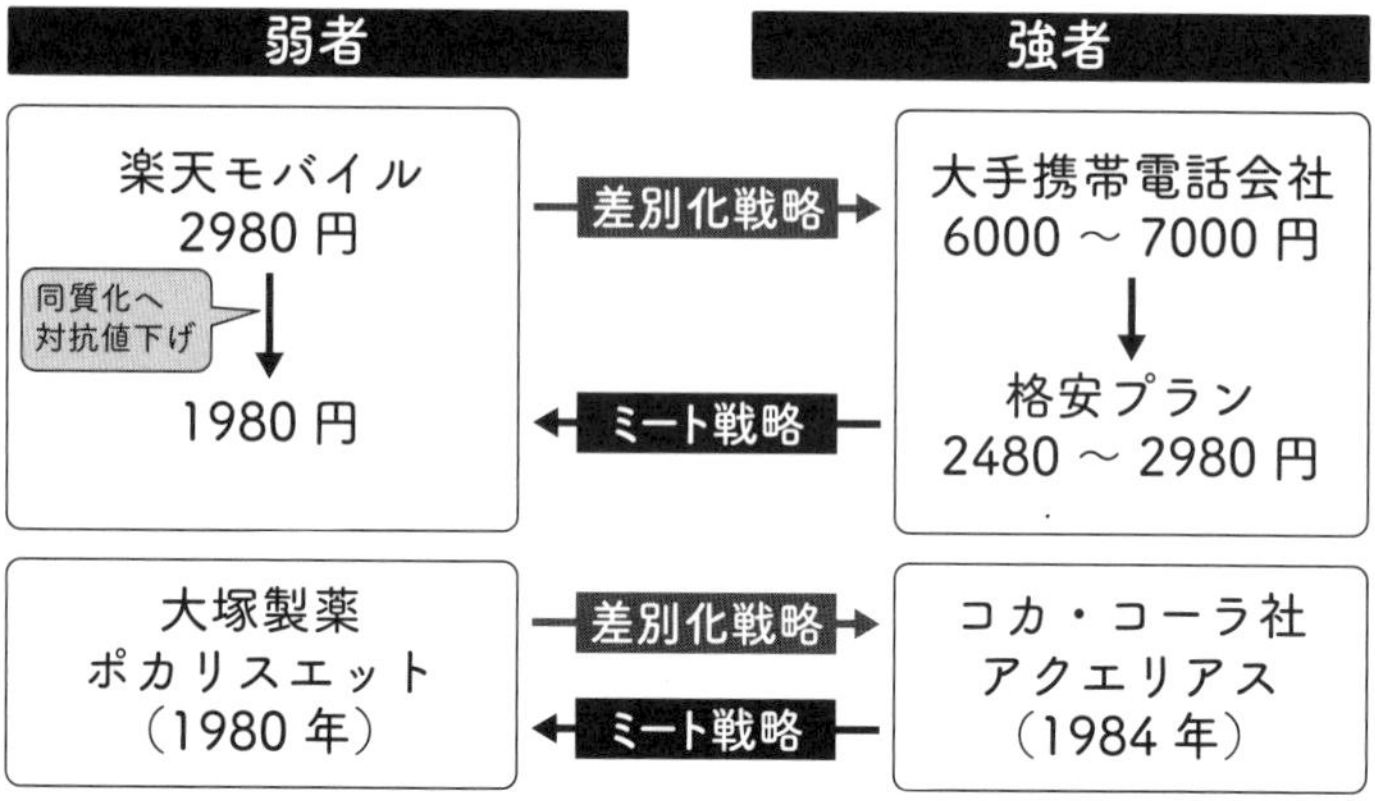

らに昭和の時代、家電製品市場で圧倒的王者だった**松下電器**（現パナソニック）は、ライバル家電メーカーが人気家電商品を出すとすぐ対抗商品を開発して、圧倒的な生産力と販売力で成功しマシタ。創業者の松下幸之助は『**よそさんの品もんのええところを徹底的に研究して何か1つ2つ足せばええんや**』と言ってマス。この言葉はミート戦略の本質をつかんでマス。ビジネスはまさに仁義なき戦いデス」

マルクスは頭を抱える。

「ジーザス！　ボクたちはトライアンフにしてやられたんデス。『影武者』はまだ立ち上がりの段階デス。トライアンフは圧倒的リソースにモノを言わせて、『影武者』を完コピして市場を横取りし、ボクたちを抹殺しようとしていマス！」

マルクスが天を仰ぐのを見て、一同は沈黙してしまった。

その時、小杉のスマホが鳴った。メッセージを見た小杉は声をあげた。

「え？　ウソだろ……」

「どうしたの？」日吉が聞くと、小杉が声を震わせて答えた。

「同期からのメッセージなんだけど……。トライアンフがUDサービスへの下請けを次々と切っているって……」

親会社UDサービスの売上は大半が下請け業務で、その大半はトライアンフの下請け案件だ。つまり、売上の半分以上が次々と一方的に打ち切られているという。

「それは、ボクたちと港サンのあの打合せが原因デスカ？」

マルクスがそう言った時、会議室のドアがバンッと開き、住吉副社長が怒号をあげながらノシノシと乗り込んできた。

「日吉ッ！　お前、なんてことしてくれたんだ！　我が社を潰す気か！」

住吉は会議室の真ん中に陣取って座ると、テーブルをドンッと叩いた。

「さっき執行役員の高島本部長から『もうUDサービスとは一切取引しない』と最終通告

が届いた。この15年間、オレは地べたを這いずり回ってトライアンフさんに何とかお願いして下請け案件をもらい、会社を存続させてきた。お前はその努力を一瞬で潰したんだぞ。どうするつもりだ。お前ら全員、責任を取れ！」

小杉とマルクスは、下を向いて無言のままである。

「全員、懲戒解雇だ。それだけじゃない。これからウチの会社にはとんでもない損害が生じるんだ。お前らには、会社からキッチリと損害賠償請求をしてやる。覚悟しておけよ。これから後始末と敗戦処理で這いずり回るのはオレなんだ！」

ちょうどその時、日吉のスマホにメッセージが着信した。日吉は目の前で怒鳴る住吉を完全無視して、スマホのメッセージに目を走らせ、画面を操作している。

そんな日吉の態度を見た住吉はヒートアップして、テーブルをドンドン叩いた。

「日吉！　オレが大事な話をしているのにスマホを見るな！　お前の親は一体、どういう教育をしているんだ？　だからトライアンフを怒らせるんだ」

日吉はまったくひるむことなく、ジロリと住吉を見上げた。

「おっしゃりたいことは、それだけですか？」

「なんだと？」

「どうぞお入り下さい」

ドアが開いて、祐天寺社長が会議室に入ってきた。なぜか代官部長も一緒である。

祐天寺は住吉を見据えながら、静かに語り始めた。

「住吉さん、辞職すべきなのはあなたです」

「は？　祐天寺さん、あなた、何か勘違いしてるよ。この連中は、あの大切な取引先のトライアンフさんを怒らせたんだよ。高島本部長はカンカンだ。コイツらのクビを差し出さないと黙ってないよ。このままだとウチは確実に潰れるんだ」

祐天寺は黙って住吉に数枚の紙を差し出した。社内の会計書類の明細だった。

「当社から毎年数百万円が振り込まれているこの『S商事』、住吉さんのプライベートカンパニーですね？　念のために法務局からS商事の登記簿謄本を取り寄せて照合しました。代表者は『住吉元』。登記住所はあなたの自宅住所。これは架空発注ですね」

住吉は一瞬で顔面が蒼白になった。

「こんなもの……。デッチ上げだ！」

「当社の会計責任者でもある代官さんからいただいた資料ですよ」

祐天寺が言うと、住吉は目を見開き、代官をにらみつけた。

「代官！　お前、自分が何やっているのかわかってるのか！　恩を仇で返すのか？」

代官はいつもの端正な笑顔を崩さず、住吉に答えた。

「私は是々非々で、『正しい』と思ったことをするだけです」

祐天寺はさらに数枚の紙を差し出した。

「こんな情報もあります」

その銀行口座の入出金明細には、トライアンフからS商事に数百万円もの金額が何回も振り込まれた記載があった。

「なぜこんなものが……」

目を見開いた住吉は、声を絞り出した。

「こんな電話の会話記録もあります。昨日のものですけどね」

祐天寺は懐からスマホを取り出して、スピーカーモードで再生させた。


『住吉さん、オタクの会社に日吉慶子とかいう小娘がいますよね。ウチの大事な部下が色々と迷惑しています。目障りなので、早急に対処してください』

『高島さん、ご迷惑をおかけしていますが大丈夫です。形だけ「UDサービスへの下請け案件は切る」としていただければ、後は私が対処します。ただ本当に切らないでくださいね（笑）。あくまで形だけ、ってことでお願いします』

『了解です。購買部門の元部下は私の言いなりですから、言っておきます。ちゃんと頼みますよ。それと、先日の下請け案件の値下げでご尽力いただいた謝礼は、そちらの口座に振り込み済みです』

『こちらも確認済みです。今後も共存共栄でお願いしますよ』

祐天寺は「このくらいでいいでしょう」と言ってスマホをタップし、再生を止めた。

「これらは、トライアンフの購買部長だった高島新さんからの法外な値下げ要求を黙認する見返りに、個人的に謝礼をもらっていたという背任罪の動かぬ証拠ですね」

「な、なぜこんなものまでここにあるんだ……」

住吉は、脂汗を流しながら床にひざまずいて手をついた。

その様子を切なげに見ていた祐天寺は住吉の横にあぐらをかいて座り、話し始めた。

「あなたにUDサービスを任せてきたけど、なぜウチがトライアンフの下請け案件をこんなに安く受注しているのか不思議でした。プロジェクト開始段階で担当者とトライアンフが受注金額を正式合意しても、なぜか最後にトライアンフが一方的に値下げ要請をしてくる。担当者が社内でクレームを上げても、いつの間にかウヤムヤになる。まさか住吉さんがトライアンフから多額の裏リベートを受け取り、もみ消しに奔走していたとはね……。

日吉さんからの情報がなければ、気付きませんでした」
そう言いながら、祐天寺は日吉を見た。

数カ月前、港から一方的に値下げ強要をされた日吉は、すぐさま社内で同様に値下げ強要をされた社員がどれだけいるか調べてみた。すると、数十人にものぼることが判明した。彼らの多くは泣き寝入りしていたが、何人かは上層部に「トライアンフへ正式に苦情を申し入れてほしい」と声をあげていた。しかし、それらはすべてもみ消されていた。日吉がそれらを一つずつ丹念に追ってみたところ、共通点が見つかった。

他社への正式な苦情は、社内では上層部に稟議の形で回され、最終承認される。しかし、いずれも住吉副社長によって「長い付き合いのトライアンフさんに苦情を申し入れるなんて、あり得ない」と却下されていたのだ。

ここまで調べた日吉は、祐天寺に「下請け案件の値下げ強要のもみ消しは、住吉副社長が関与しています」と報告した。すると祐天寺から即座に「ありがとう。裏を取ります」と返事をもらっていた。

そして、先ほど住吉が怒鳴り込んできた時、日吉は「住吉さんは背任の疑いがある」という祐天寺のメッセージをスマホで受け取った。日吉がすぐに「その住吉副社長がいま、ここに怒鳴り込んできています」と返事をすると、祐天寺が「すぐそちらに行く」とメッセージを返してきたのである。


うずくまる住吉の横に座っていた祐天寺は、やがて立ち上がって言った。

「あなたは当社に人生を捧げてくださった。心から感謝しています。しかし、犯罪は犯罪です。一方で、あなたの背任行為を見逃していたのは私の責任でもあります。あなたへの処分は、追ってご連絡します」

住吉はうつろな目でよろよろ立ち上がり、黙って壁伝いに部屋を出て行った。

その様子を静かに見送った祐天寺はしばらく黙っていたが、やがて口を開いた。

「代官さんはよく知っていると思うけど、住吉さんとは本当に長い付き合いでね……」

祐天寺は昔を思い出すように、話し始めた。

「住吉さんも、根はいい人なんだ。17年前、私が倒れた時に『あなたは柱だ。私が支えるから、辞めないでください』と本心から言ってくれた。そして自分の立場をわきまえて、人員整理などの辛い仕事も職務に忠実に、実に謙虚にこなしてくれた」

そして祐天寺は頭を振った。

「しかし権力ってモノは怖いね。住吉さんが実質的に会社を采配し始めてしばらく経つと、権力の分け前を求めて、実に色々な人間が住吉さんのもとに寄ってきた。『会社を支えているのは、実質的に住吉さんです』とおだてられ続けて17年も経つと、謙虚な人間でも次第に『自分は相応しい見返りを得ていない』と不満を感じるものらしい。人間って本当に弱い存在だし、つくづく人間の業は深いものだなって思うよ。とはいえ、リベートも横領も明確な犯罪だ。一切、言い訳はできない。住吉さんにはキッチリとけじめをつけて、責任を取ってもらう。しかし、住吉さん個人をあまり責めないでほしい。彼にすべてを任せてしまい、『任せた以上、口出ししない』という考えに縛られて17年間も動けなかった私の責任なんだ」

ここまで話すと、祐天寺は顔を上げて晴れやかに言った。

「日吉チームの皆さんはここまでよく頑張ってくれた。おかげさまで僕の病も快復した。本格的に経営に復帰して住吉さんの分も頑張るよ。下請け案件の解約も調べたけど、すべて住吉さんと高島さんが口裏を合わせただけだ。気にしなくていい」

「でも、トライアンフに『影武者』をそっくりマネされちゃったんですよ」

小杉が言うと、祐天寺はニコッと笑った。

「社員4万人のトライアンフは、一見すると圧倒的強者でスキがなさそうに見える。でも恐れる必要はない。**我々はお客様のためにやるべきことは何か考え抜いて、自分がやるべ**

きことを正々堂々、誠実に泥臭くやればいい。それが唯一の王道だよ」

祐天寺は日吉チームのメンバー一人ひとりの肩を叩いて、部屋を出て行った。部屋には日吉チームと代官が残った。微妙な沈黙の時間が流れた後、日吉が口を開いた。

「代官さん、今回は本当にありがとうございました」

「お礼はいりませんよ。自分の仕事ですから」

「でも代官さんは住吉副社長の下で、長年仕事をしてこられたのですよね」

「それとこれとは関係ありません。私の仕事は、ビジネスが正しく行われるようにすることです。住吉副社長は非合法的なことをした。だから、しかるべき人に報告する。今回は、報告先が祐天寺社長だった。それだけです」

「銀行口座記録とか音声記録とか、どうやって入手したのですか」

「あんな情報、私が入手できるわけがありませんよ。祐天寺社長がどうやって入手したか、私は関知していません」

代官は笑顔で話した後、付け加えた。

「『清廉潔白《せいれんけっぱく》』。私が好きな言葉です。こう見えて、私は悪いことをする人間は大嫌いなので。日吉チームの皆さんは、個人的には全力で応援していますよ」

その時だった。オンライン会議に繋がったスピーカーから、反町の声がした。

「今、『影武者』がハッキングされました」

日吉は一瞬、何が起こっているのかわからなかった。

（え？　ハッキングって何？）

すぐに小杉が『影武者』の管理画面を会議室のスクリーンに表示すると、英語でこう書き換えられていた。

「サイトを乗っ取って全データを入手した。暗号解除して元通りにしたければ、身代金200億円を支払え。さもなくば、24時間以内に全データをネットで公開する」

その画面を見た瞬間、事態を察した日吉は頭を抱えた。

「これはまずいわ！　『影武者』にはユーザー企業20社が契約している全クラウドサービスのIDとパスワードが保管されている。漏洩するとお客様のシステムが侵入し放題になる。そうなると当社の管理責任が問われて、親会社のUDサービスもろとも潰れるわ！」

ちょうどその頃、トライアンフの高島のスマホにはメッセージが届いていた。

“Now attacking KAGE-MUSHA”（現在『影武者』ヲ攻撃中）

役員室にいる高島は、乗っ取られた『影武者』の画面が表示されたパソコン画面を見ながら満足そうな笑みを浮かべて傍らに立つ港に言った。

「弱者といえども、将来の敵は確実にキッチリ潰しておくのが強者の戦いというものだ。キミもこういうオレのやり方を、そろそろ学んでおくといいな」

「ありがとうございます。とても勉強になります」

港は深くお辞儀をした。

高島はその数日前、外部エージェントに依頼して、足跡が残らずに非合法な取引ができるダークウェブ経由でサイバーテロ集団にコンタクトした。世界最高レベルの防御態勢を誇る米国国防総省やイスラエル諜報機関への攻撃にも成功し、甚大な被害を与えた実績を持つという、世界最強のサイバーテロ集団だ。高島は彼らに『影武者』のサービスを提供するデータセンターへのサイバー攻撃を依頼したのである。

高島は、ニヤリと不敵な笑みを浮かべた。

「住吉には指示したが、アイツはイマイチ頼りないからなぁ。少々強引な手段だし、カネもかかったが、これで祐天寺もあの日吉とかいう小娘も終わりだ」

港は乗っ取られた『影武者』の画面を、いつもの醒めた無表情で眺めていた。

Story 9

50倍巨大なコンビニ連合に勝ったミスタードーナツ

——集中戦略・弱者の戦略とAPIエコノミー

「200億円なんてとても払えないわ。反町さん、何とかできませんか?」

日吉が言うと、スピーカーから反町の声がした。

「手の打ちようがありません。サーバーが乗っ取られてシステムにも入れません」

絶望的な状況である。その時、日吉が「そうだ!」と言ってスマホを取り出した。

「もしかしたら、多摩川園子さんなら何とかしてくれるんじゃないかな?」

すぐ多摩川にメッセージを送ったが、普段は秒で返事が来るのに、今回は既読マークすら付かない。しかし、この状況で頼れるのは、日吉には多摩川しか思いつかなかった。

(いつものカフェでコーヒーを飲んでいて、メッセージを見ていないのかも)

日吉はすぐオフィスを飛び出し、近くにある老舗カフェ・茶亭羽當に駆け込んだ。

予想通り多摩川は入口の席でパソコンを開いて座っていた。日吉が声をかけた。

「多摩川さん!」

多摩川は画面を凝視して超高速タイプを続けながら、静かに言った。

「わかっとる。口挟まんといてな……」

日吉は、祈るようにその様子を眺めていた。


1時間後。多摩川は手元の冷めたコーヒーをひと口飲むと、日吉に声をかけた。

「片付いたで。『影武者』の画面、見てみ？」

（え？）と思った日吉がスマホで『影武者』のサイトにアクセスすると、いつもの画面が表示された。「助かった……」とつぶやいた日吉はその場にへたり込んだ。

多摩川は少し疲れた様子だったが、晴れやかな表情をしていた。

「……うちな。ホワイトハッカーやねん」

「ホ、ホワイトハッカー？」日吉は予想外の答えに唖然《あぜん》とした。

「こんなサイバーテロはな。表には出てこんけど、昔からよくあんねん。そんな悪い奴らと闘うのが、うちらホワイトハッカーや。うちは学生の頃からフリーでそんな闘いをやってきたんや。この世界ではちょっとした顔やで。あんたが初めてこの店で声かけてくれた時も、某国のテロリストの大集団とやり合ってて、返事できひんかってん」

（だからあの時、パソコンに長時間集中していたのね）日吉は驚いた。

「そんなスゴい人が、なぜウチの会社にいるんですか？」

「20年前、祐天寺社長にワケありで誘われてな。『ホワイトハッカーは続けて、会社の仕事はヒマな時でええよ』って言われて、エンジニアとして入ったんや」

「多摩川さんなら外資系企業とかに行けば、給料は青天井じゃないんですか？」

「金には興味ないんや。世のためになってヒリつく仕事がしたいだけや。うち、悪いことするヤツはどうしても許せへんねん。それに、やられたらお返しするのがうちの流儀や。テロリストのサイトは叩き潰したで。どんな目に遭うか身に沁みたから、もう寄り付かんやろな。そもそもコンピュータで犯罪すること自体、倫理的にあり得へんわ」

「もしかして住吉さんの記録を祐天寺社長に渡したのは、多摩川さんですか？」

多摩川の口元にかすかな笑みが浮かんだ。

「悪いことするヤツっておんねんなぁ。テロリストにこの仕事を依頼したのも、トライアンフの高島や。探ったらすぐ判ったわ。こいつはサイバー攻撃やなくて、正々堂々ビジネスで叩きのめさなあかんて。サイバー攻撃は、あくまで直接攻撃された時に、攻撃相手に直接反撃する防衛手段やからな」

多摩川は眼鏡に手を添えて、日吉に向き直って言った。

「トライアンフには正攻法でキッチリお返ししてや。何かあればうちが応援したる」

「園子姐《ねえ》さんがサポートしてくれたら、心強いです！」

多摩川に心酔してしまった日吉は、すっかり「姐さん」と呼ぶようになっていた。

「それとな。うちがホワイトハッカーやっているのは、あんたらとの秘密で頼むで。あとあんたのチームのそり子な、優秀なプログラマーやから大事にすることや。がんばりや」

その頃、多摩川が壊滅させた某国のサイバーテロリスト組織は大騒ぎだった。

『楽な仕事だ』と思っていたけど、こいつら、あのSilver Wolfを速攻で雇って反撃してくるなんて、相当イカれたヤバいヤツらだ。もうここには絶対に手を出すなよ」


同じ頃、トライアンフのオフィスでは、高島が首を傾げていた。

（おいおい、『影武者』は動いているじゃないか。サイバーテロリストの連中、何をやっている？　カネを払ったんだから、きちんと仕事をしてもらわないと困るんだがな……）


さらに同じ頃、カケハシのオフィスでは「そり子」こと反町がスピーカーで報告していた。「サイト、復旧しました。システムに入れます」

画面も、いつもの『影武者』の画面に戻っていた。

小杉は「助かったぁ〜」とホッとひと息ついた。

その時、Silver Wolfこと多摩川と話を終えた日吉から、チームメンバーのスマホにメッセージが届いた。「園子姐さんのおかげです」

オフィスに戻った日吉が多摩川との一部始終を話すと、一同は驚いた。

思い返せば、今日は朝から衝撃のトライアンフの新製品『鬼武者』発表、住吉の怒鳴り込み、サイバーテロ攻撃と、実に色々あった。日吉は皆に提案した。

「お腹も減ったわね。もうお昼も遅い時間だし、ウーバーイーツ頼まない？」

「でもトライアンフってスキがないわね。どう戦えばいいのかなぁ」

日吉はそう言いながら大口を開けて、バーガーキングから届いた巨大なトリプルワッパーチーズを頬張り、モグモグ食べ始めた。

マルクスは中華料理店から届いた海老チリソースを食べながら答えた。

「企業同士の戦い方を整理した理論が参考になりマス。経営学者マイケル・ポーターが提唱した**競争の3つの基本戦略**デス。ポーターによると、企業が戦う戦略は三つだけデス。
①差別化戦略、②コストリーダーシップ戦略、③集中戦略デス」
「たった三つ？」

驚いた日吉はむせて、慌ててコカ・コーラのLサイズをゴクゴクと流し込んだ。

「**差別化戦略は『このニーズに応えられるのは当社だけ』という状況をつくって、買ってもらう戦略**デス」

「差別化ってことは、要は『他社と違えばいい』ってこと？」

日吉が尋ねるとマルクスは首を振った。

マイケル・ポーターの「競争の3つの基本戦略」

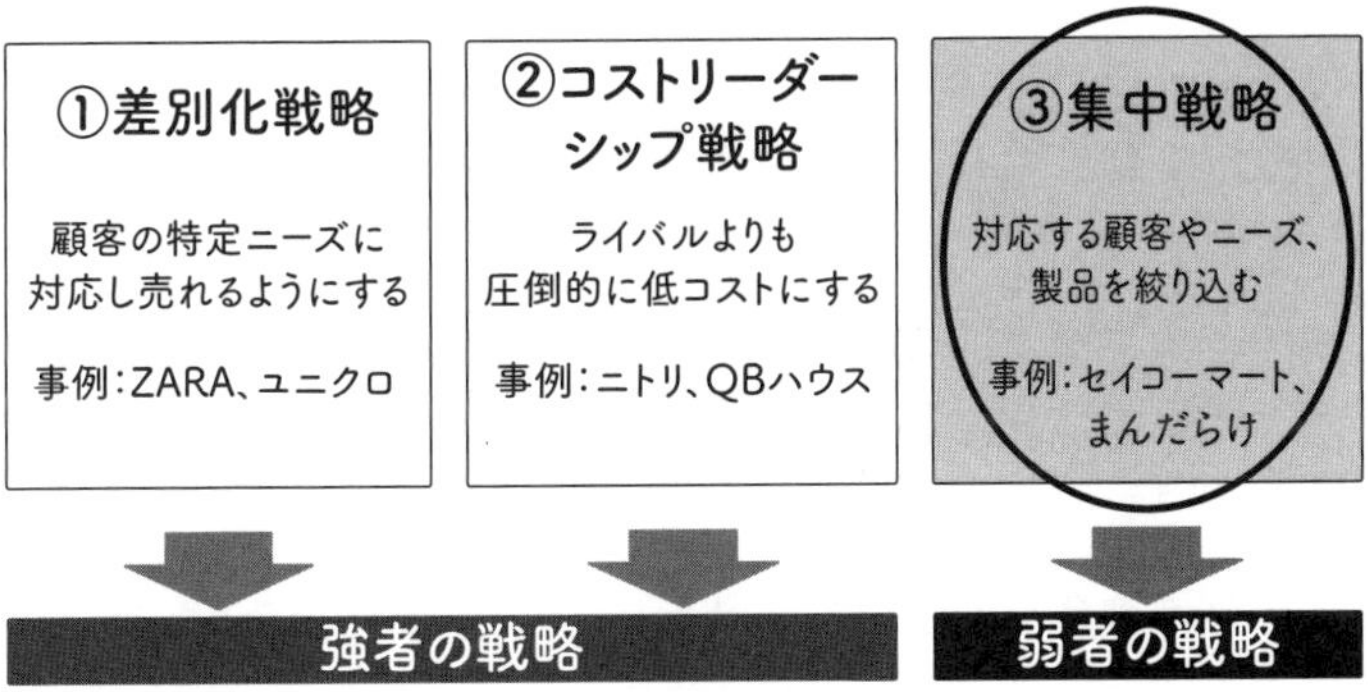
①差別化戦略
顧客の特定ニーズに対応し売れるようにする
事例:ZARA、ユニクロ
②コストリーダーシップ戦略
ライバルよりも圧倒的に低コストにする
事例:ニトリ、QBハウス
③集中戦略
対応する顧客やニーズ、製品を絞り込む
事例:セイコーマート、まんだらけ
強者の戦略
弱者の戦略

「それはよくある勘違いデス。たとえば……。ケイコサンはいつもオシャレデスネ。どこのブランドデスカ?」

「何よ、いきなり。私、昔からZARAが好きなの。トレンド感があるし、おしゃれでしょ?」

その横で、小杉がボソッとつぶやいた。

「おしゃれ、ねぇ。ボクはユニクロだなぁ。シンプルで飽きがこないし、トレンドなんか関係ないしさ」

「そういうことデス!」

マルクスはうなずいた。

「ZARAはトレンドに敏感な人たちに『今っぽさ』を提供していマス。逆にユニクロは『究極の普段着』として、トレンドに左右されない、誰でも着やすく、機能的

集中戦略（弱者の戦略）で勝つポイント

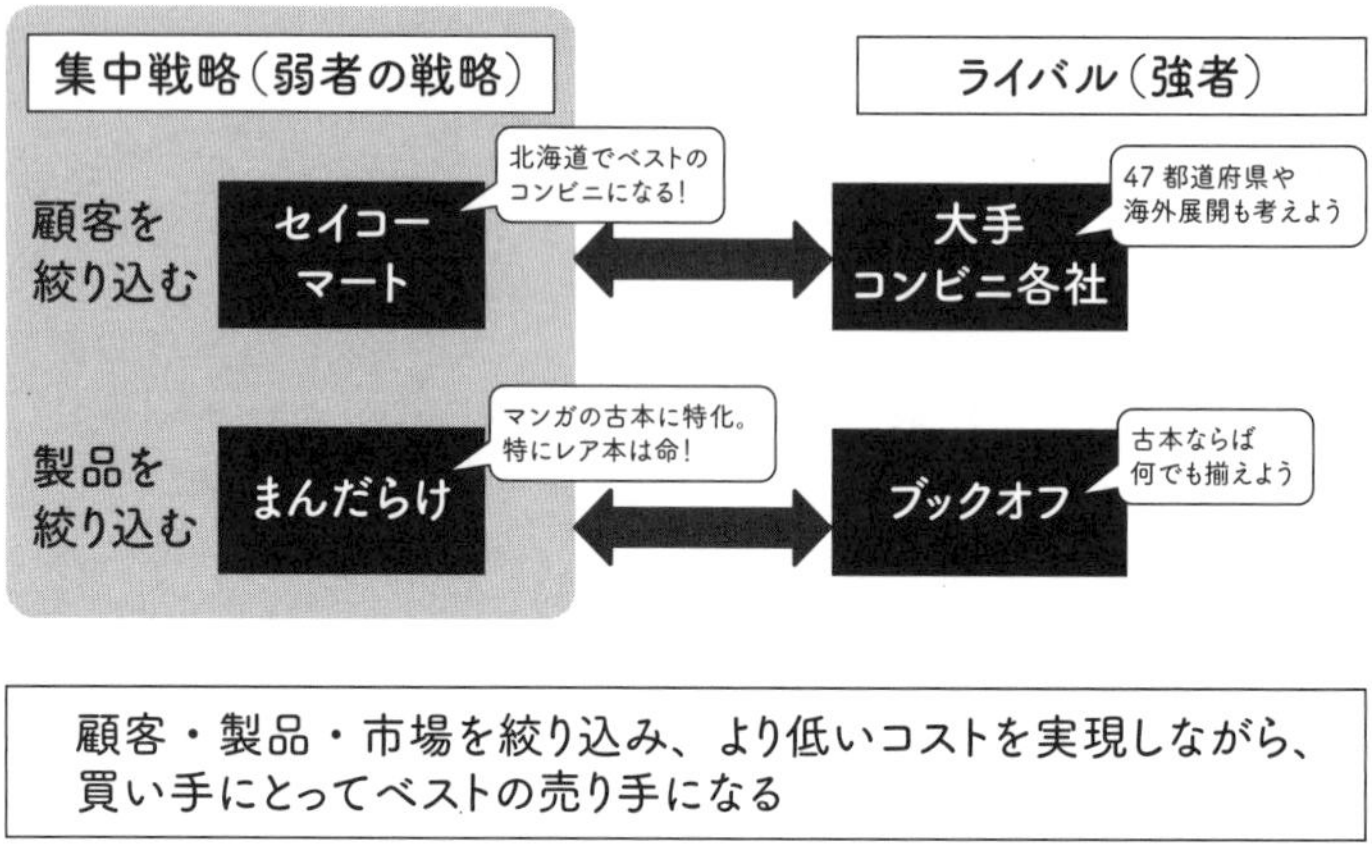
集中戦略（弱者の戦略）
ライバル（強者）
顧客を絞り込む
セイコーマート
北海道でベストのコンビニになる！
大手コンビニ各社
47都道府県や海外展開も考えよう
製品を絞り込む
まんだらけ
マンガの古本に特化。特にレア本は命！
ブックオフ
古本ならば何でも揃えよう
顧客・製品・市場を絞り込み、より低いコストを実現しながら、買い手にとってベストの売り手になる

な服を提供していマス。両方とも『この特定のニーズに応えられるのは当社だけ』という状況をつくり、ケイコサンとムサシサンの要望に応えていマス」

松屋の牛丼を食べていた小杉が言った。

「**コストリーダーシップ戦略**は、この前の価格の話で出た戦略だよね」

「イエス！　**どこよりも低コストにしマス。**勝つのは業界で1社だけ。コストリーダーシップ戦略と差別化戦略は、強者が取れる『**強者の戦略**』でもありマス」

マルクスは集中戦略に○を付ける。

「**我々弱者が選ぶべき戦略は、集中戦略**デス。これは『**弱者の戦略**』でもありマス」

「弱者の戦略ってなんか弱くてすぐ負けそうなイメージなんだけど。どう戦うの？」

いつの間にか巨大なトリプルワッパーチーズを完食した日吉は、大盛りのチキンナゲットも食べながら尋ねた。

「方法は二つありマス。**一つ目は、お客の絞り込み**デス。コンビニ業界はセブン・ローソン・ファミマが3強デス。でも北海道では、セイコーマートが1位デス。過疎地が多い北海道では、他地域と同じ戦略ではうまくいきマセン。そこでセイコーマートは北海道民というお客に絞り込んでマス。人口が少なくて過疎地が多い北海道に合わせて、24時間営業にもこだわりマセン。さらに北海道産の食材を使った地産地消や自社配送、店内調理など製造・物流・販売をすべて自社でやって、コストを徹底的に下げてマス」

話しながら器用に海老チリソースを食べ終えたマルクスは、水餃子を食べ始めた。

「**二つ目は、製品の絞り込み**デス。日本の古本屋では『ブックオフ』が最強デス。一方で『マンガの古本』に特化した『まんだらけ』には超レア本がたくさんありマス。買い取り目利き力のおかげデス。秘蔵レア本を買い取りに持ち込んでも、ブックオフでは1円デス。『まんだらけ』は販売価格の8割、たとえば10万円で買い取りマス。この目利き力と品揃えは、他ではマネできマセン。ボクも『まんだらけ』で日々、レア本を発掘してマス！」

底知れぬオタクぶりを垣間見せながら、マルクスは胸を張る。

「弱者が強者と同じ土俵で戦うと、ほぼ確実に負けマス。でも、**お客や製品を徹底して絞**

り込めば、お客に最適な製品をより低コストで提供できマス。規模100倍のトライアンフに対してボクたち弱者が取るべきは『集中戦略』、つまり『弱者の戦略』デス」

「でもそれで、圧倒的に強い強者に本当に勝てるのかなぁ」

早々に牛丼を食べ終えた小杉が尋ねると、マルクスが答えた。

「ドーナツ専業のミスタードーナツ（ミスド）も、規模が50倍大きい大手コンビニ3社と戦いマシタ。2014年、セブンはミスドの全社売上よりも大きなドーナツでの売上目標を立てて、全店舗でドーナツを売り始めマシタ。『コンビニコーヒーとドーナツは相性がいいから、併せ買いが狙える』と考えて、本気でドーナツ市場を獲りに来たんデス。ローソンとファミマも追従して『ドーナツ戦争』が始まりマシタ。大手コンビニ3社の店舗数はミスドの50倍デス。多くの人が『ミスドはヤバい』と思いマシタ」

日吉が「あれ？」と言って尋ねた。

「ミスドって、残っているわよね。ウチの近所にもあるわよ」

「ミスドは2年半戦い抜いて、勝ち残りマシタ。**ドーナツ専業のミスドと比べてコンビニドーナツが美味しくなかったから**デス。コンビニ店員はドーナツだけを売るわけではなくて、やることがたくさんありマス。一方でミスドは、人気スイーツ・クリームブリュレの味をドーナツで再現した『クリームブリュレドーナツ』など、店舗キッチンで丁寧に仕上げたドーナツを次々に投入して差別化しマシタ」

「なるほどね。確かに私も、食べるんだったら美味しいミスドのドーナツを選ぶわ」

「激しい競争でミスドは売上の1／4を失いマシタ。でも、逆にムダが削げてスリム化できマシタ。そして、2020年のコロナ禍のテイクアウト需要で復活し、1店舗当たりの売上は2017年から2022年の5年間で1・5倍に増えたんデス」

小杉が納得した。

「得意な美味しいドーナツを磨き上げて、50倍の敵にも負けなかったのか……」

「圧倒的な強者にも必ず弱点がありマス。コンビニの弱点は、すべてに対応しなければいけないことデス。そこで弱者は自分の強みをとがらせて、強者の弱点を突くんデス。ただ、セブンも負けたままではありマセン。2024年9月、首都圏5000店舗で新たに改良したドーナツを販売し始めマシタ。**王者セブンは弱者のよい点と自分の失敗から貪欲に学び続けて、徹底して強者の戦略を進めていマス**」

するると日吉が尋ねた。

「私たちがトライアンフと戦うには、どう考えればいいの？」

マルクスはしばし考えて、答えた。

「4Pの一つ『**チャネル戦略**』がキーになると思いマス。強者トライアンフは『影武者』

チャネル戦略の考え方

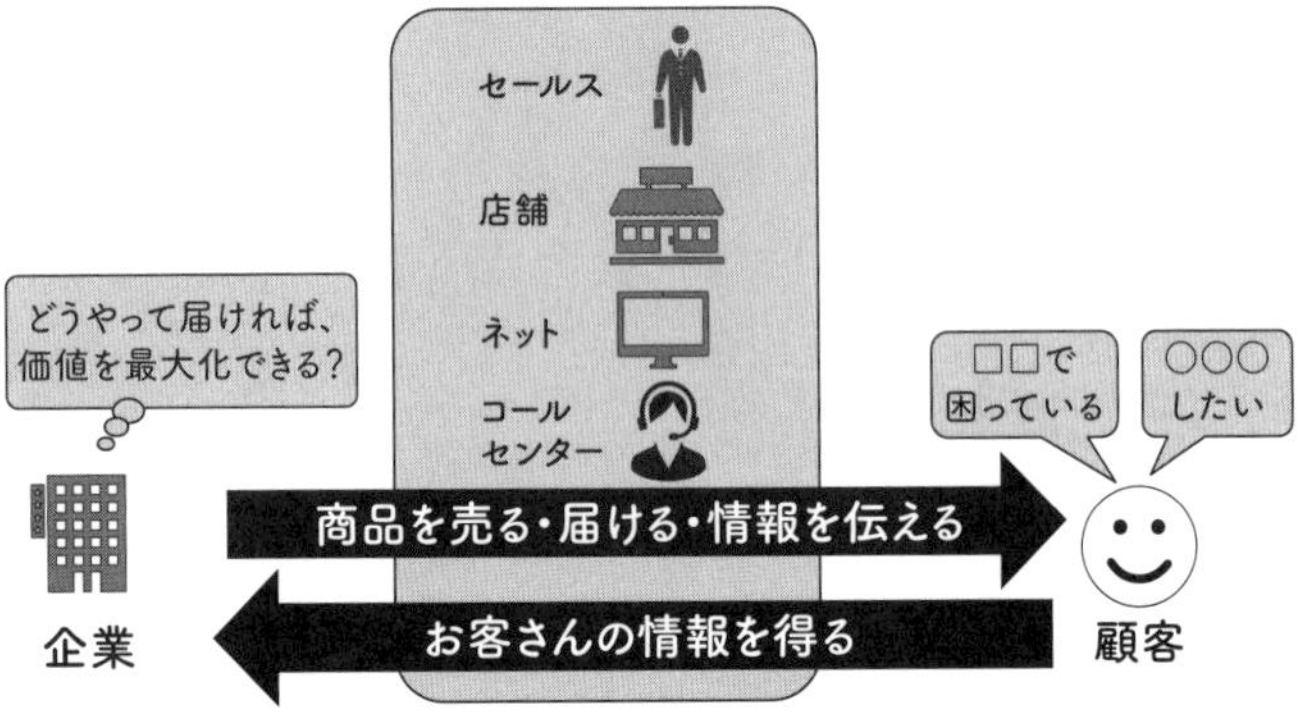

チャネル戦略のすべての始点は「顧客ニーズ」。
顧客ニーズを満たすためにチャネルを構築せよ

と同じ商品『鬼武者』を持ってマス。だから製品戦略や価格戦略では勝てマセン。違いを出すには、チャネル戦略でトライアンフができない売り方を考えるべきデス。チャネル戦略なら、勝てる方法があるはずデス。**チャネル戦略で大事なのは、『顧客ニーズ』を起点に『誰がどうやってお客に価値を届けるか』を考え続けること**デス」

日吉は「つまり、売り方ってことなのね……」と考え込んだ。

その翌日。小杉は『影武者』のユーザーから届いた要望への対応で悩んでいた。

（これって、どうすればいいいんだろう？）

届いたのは、こんな内容だった。

「『影武者』はクラウドを管理してますよ

ね。だったら社員のスマホも管理できませんか？　最近、個人のスマホを社内のネットワークに繋げる社員が増えています。個人のスマホはセキュリティ対策が甘いので、情報漏洩とか起こると困るんです」

『影武者』への機能追加はまず小杉が判断した上で、必要と判断したら反町が対応を検討することで反町と合意していた。

しかし、技術的な知識がない小杉には、要望への対応が判断できなかった。

（困っているのはよくわかる。でもこの要望、そもそも『影武者』で対応できるの？　対応できたとして、そもそもウチでやるべきなのか？）

色々と悩んだ末に、まず反町に相談しようと考えた。

（反町さんは気難しいけど、他に相談する人もいないからなぁ）

勇気を出して、反町にメッセージを送った。

『反町さん、こんな要望が来ました。『影武者』で対応できますか？』

すぐに反町の返事が届いた。

『『影武者』のクラウドと社員を紐付ける仕組みを拡張して、個人スマホと社員を紐付けて管理する仕組みをつくれば、対応できますよ』

反町の返事を見て、小杉は再び考え込んだ。

（なるほど。『影武者』はクラウド以外に個人のスマホも管理できるのか。あれ？　ってことは、情シス担当者が管理するパソコンとかサーバーとか、他のモノも管理できるってことか？）

しかし、いくら考えても自分ではわからない。小杉は反町に再び尋ねた。

『……では、この仕組みでパソコンやサーバーも管理できますか？』

『他にソフトウェアも含めて、情シスが管理するモノはすべて管理できますよ。ただし、開発の労力はそれなりにかかります』

すぐに返事が戻ってきたが、小杉はまだイメージが湧かない。また反町に質問した。

『たとえば社員のパソコンを『影武者』で管理できると、中小企業の情シス担当者にとって、何がいいんでしょうか？』

質問を送ってから（これって、お客さんの状況を把握しなきゃいけないボクが知ってるべきことで、開発をお願いする反町さんに聞く話じゃないかも……）と気が付いたが、反町は丁寧に返事をしてきた。

『情シス担当者が社員からパソコンの不具合の問合せを受ける時、これまでは電話でパソコンの設定を細かく聞く必要がありました。『影武者』で社員のパソコンの設定情報を見られれば、いちいち設定を聞かなくてもすぐに不具合の解決方法を教えられます。時間も手間も大きく減ります』

返事を見て、小杉はまた考えた。

(情シスが管理するすべてのモノを『影武者』で把握できれば、『ひとり情シス』の色々な仕事が効率化できそうだな。でも、お客さんの細かい要望をすべて聞いてその機能を全部開発する余力なんてウチにはないぞ。どうすればいいんだろう?)

小杉はまたもや考え込んでしまった。小杉は反町にメッセージを送った。

『ありがとうございます。この要望への対応をどうするか、少し考えさせて下さい』

小杉の返事を見て、自宅でリモートワークしていた反町はつぶやいた。

(小杉さんって、本当に真面目にお客さんへ対応してるなぁ。ウチの会社にもまだこんな人が残っていたんだな)

「……ってことなんだけど、何かアイデアある?」

翌日、さっそく小杉が日吉チームの打合せで相談すると、日吉がうれしそうに言った。

「なんか小杉クン、反町さんといい感じでやってるみたいね!」

小杉は(そもそもそれって、日吉がボクに無茶振りしたからだろ)という言葉をかろうじて飲み込んで、話を続けた。

「解決できる仕組みがありそうな気がするんだけど、どうしても思いつかない……」

話を聞いて考えていたマルクスが「そう言えば……」と声をあげた。

「この前、確か『影武者』を『ヤマクラフォーキャスト』から使う仕組みをバリューマックスに提供する、って言っていましたネ？」

「タクシーアプリGOからグーグルマップの地図機能を使わせるのと同じ方法を『影武者』に組み込んで提供するって話だよね。APIっていう仕組みだよ」

「この仕組みは、今はバリューマックス1社限定で提供してマス。これを一般公開して、どのアプリからでも『影武者』を使えるようにしたら、どうデスカ？」

日吉は首を傾げて「それをやると、何がいいの？」と尋ねた。

「他社が自分たちのアプリで『影武者』を使って、代わりに売ってくれマス」

「なんかそれ、すごくムシのいい話じゃないの？　他社が『影武者』を使ってくれる理由なんて、あるのかしら？」

「たとえば、『パソコン不具合の問合せ』のアプリを提供している他社は、自社のアプリから『影武者』を呼び出すだけで、問い合わせてきた社員の詳細なパソコンの設定情報を、簡単に自社アプリの画面上に表示できマス。GOがグーグルマップを呼び出して、地図を表示するのと同じ方法デス」

小杉が「なるほど！」と声をあげた。

「そもそも情シスの仕事は、情シスが管理するすべてのモノを正常に動かし続けることだよね。『影武者』は、情シスが管理するすべてのモノの状態がすぐにわかる。つまり、**他社が自分たちのアプリで『影武者』を使えば、『ひとり情シス』が抱える問題を今よりもずっと楽に解決できる**ってことか！」

「イエース。ただし、ボクたちがどこで稼ぐか考えておくことも大事デス。『影武者』を使った分のお金をどこからもらうかを、事前に考えておく必要がありマス。グーグルマップのやり方が参考になるはずデス」

小杉は「なるほど、グーグルマップね」と言ってネットを検索して、答えた。

「グーグルマップは、アプリを開発した会社から、グーグルマップを使った分だけの使用料金を取っている。つまり『従量制課金』だね」

「ワンダフル！　ボクたちも、他社ITサービス企業が自分たちのアプリでどれだけ『影武者』を使ったかで、課金すればいいと思いマス」

「いいね！　これまで他社ITサービス企業はライバルだったけど、これができれば彼らは『ひとり情シス』が抱える問題を一緒に解決するパートナーになる」

「そうデス。彼らと一緒に、巨人トライアンフの『鬼武者』を倒すんデス」

しかし、日吉はまだ納得せずに、首を傾げたままである。

「でも、他社のITサービス会社に『影武者』を売り込むのって、難しくない？」

突然スピーカーから、「はぁ～」という深いため息が聞こえてきた。声の主は、オンライン会議に参加している反町だった。

「『売り込む』と考える時点で、まるで昭和の古い発想ですね」

日吉が「しょ、昭和って……」と言いかけると、スピーカーの反町が話を続けた。

「売り込むんじゃなくて、他社のエンジニアが自分から使いたくなるようにすればいいんです……午後5時半になりましたので、退勤します」

反町はそう言うなり、オンライン会議から消えた。残った日吉、マルクス、小杉三人ともがぼう然とした。しばらくして気を取り直した日吉が小杉に尋ねた。

「『他社のエンジニアが自分から使いたくなるようにする』ってどういう意味？」

「ボクに質問されても、わからないよ」

小杉は答えたが、ニコニコしながら自分を見る日吉の目に気が付いた。

「え？　ボクが調べるの？」

日吉はウンウンとうなずいた。

「小杉クン、頼りにしているわ。反町さんとうまくやっているみたいだし」

それから数日間、小杉は自分で調べたり反町に尋ねたりして、反町が言う『他社のエンジニアが自分から使いたくなるようにする』という意味を何とか理解した。

（なるほど、そういうことか！　この方法で『影武者』を売ればいいんだ）

日吉チームの打合せで、小杉は調べた結果を話すことになった。

「まずおさらいだけど……。タクシーアプリのGOを開発するエンジニアは、自分では地図ソフトなんてつくらないよね。**圧倒的に完成度が高いグーグルマップがすでにあるから、同じモノをつくるのはムダだ。だからアプリのエンジニアは、自分がつくるアプリからグーグルマップの機能を使うんだ。**ここまでは、いいよね？」

日吉とマルクスがうなずくのを確認すると、小杉は話を続けた。

「実はこれは、グーグルマップが世の中に広がる仕組みでもある」

日吉が首を傾げて「なんでこれで広がるの？」と尋ねた。

「たとえば、ユーチューブで音楽を公開すると、たくさんの人がその曲を知るようになって、カラオケで歌ったりして、さらに曲が広まるよね」

「確かにそうね。私もよくユーチューブで曲を覚えて、親友とカラオケで歌うし」

「仕組みは同じだ。グーグルマップは、他社アプリからネット経由で使える仕組みを整えて、アプリから使う方法もネット上で公開している。エンジニアはその情報を検索して学んで、自分のアプリをつくる。こうして、ユーチューブで公開された曲が皆に歌われて広まるのと同じように、グーグルマップも多くのアプリで使われて、広まっていくんだ。ただしこれは、グーグルマップ自体が『自分のアプリに組み込みたい』と思わせるような優れものであることが大前提なんだ」

日吉は納得した。

「なるほどね。確かにいくら曲をユーチューブで公開しても、皆が『歌いたい』と思うようないい曲じゃないと広がらないわよね」

「その通り。さらにグーグルマップは、エンジニアがグーグルマップをもっと使うように情報発信したりしてガイドを充実させている」

「私たちも同じことをやるってこと？」

「そうなんだ。まずアプリとして『影武者』を魅力的な製品に仕上げて、多くの開発者に伝える。そして、アプリを開発するエンジニアが『影武者』を使いたくなるように、開発者向けの支援を充実する。これが反町さんが言っていた『他社のエンジニアが自分から使いたくなるようにする』という意味なんだ。そして、アプリを開発する会社から『影武者』を使った分を従量課金制で支払ってもらうんだ」

「なるほど。つまり他社エンジニアが『影武者』を自分のアプリに組み込んで、そのアプリをたくさんのお客さんが使えば使うほど、私たちにお金が入る仕組みなのね」

突然スピーカーから、「パチパチ」と拍手の音とともに反町の声が聞こえてきた。

「小杉さん、意外と説明が上手ですね」

小杉は微妙な顔をして（そもそも反町さんが説明してくれないから、こうしてボクが勉強して説明しているんだけどなぁ）と思いながら話を続けた。

「こうして外部からアプリを使う仕組みは、以前も言ったように**API**と言うんだ。このAPIの仕組みを使ってパートナーを広げていって、成長して生み出す市場を『**APIエコノミー**』という。ボクらのようなヒト・モノ・カネが少ないけどいい製品を持っているスタートアップにとって、APIは大きな武器になる」

日吉が「これを実現するためにはどうすればいいの？」と尋ねた。

「社外エンジニアへの支援体制をつくるんだ。ガイドや最新情報を提供し続けたり、社外エンジニアと情報交換して、彼らとのコミュニティをつくる。これを**エコシステム**っていうんだ」

「うわっ。エクソシストって何か恐そう。私、恐いの苦手……」

「違う違う。エクソシストじゃなくて、エコシステム。『生態系』って意味だ。豊かな森林に多くの動植物が助け合うエコシステム（＝生態系）があるように、**社外エンジニアとの豊かなエコシステムを育てれば、自然と『影武者』のビジネスは成功**するんだ」

マルクスが興奮しながら立ち上がって、ホワイトボードに描き始めた。

「グレート！　これこそ、まさにボクたちの『弱者』のチャネル戦略デス。他社のエンジニアの力で『影武者』の価値を最大化して『ひとり情シス』の課題も解決できマス。素晴らしいチャネル戦略デス！」

「小杉クン、マルクス、すごい！　これで勝てそうな気がするわ」

絵を見た日吉が言うと、スピーカーからも反町の拍手の音が聞こえてきた。

マルクスも絵を見て何度もうなずきながら、言った。

「ＡＰＩとかエコシステムというと『デジタルの話は自社のビジネスとは関係ない』という人が多いかもしれマセン。でも**この仕組みの本質は、エコシステムの育成**デス。非デジタルでも成功事例がたくさんありマス」

興奮冷めやらないマルクスは続けた。

「マクドナルドも、エコシステムを育てて成功してマス。『独立して店を運営したい』というフランチャイズの店舗オーナーがエコシステムの仲間デス。そしてマクドナルドは彼

『影武者』のチャネル戦略

エコシステムの仲間を通して、「ひとり情シス」の悩みを解決する！

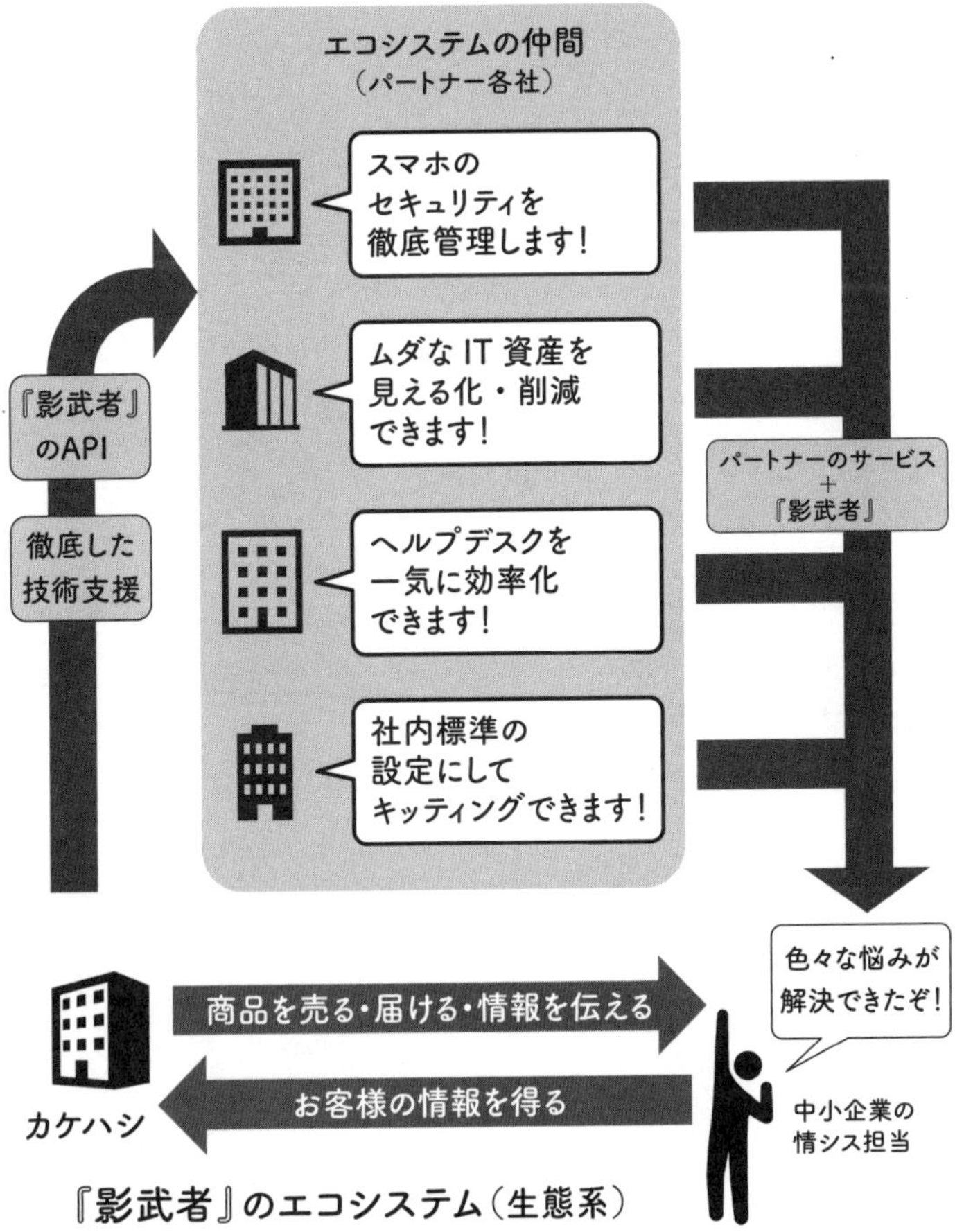

らにハンバーガーをつくって売ることで収益を上げる仕組みを提供していマス。マクドナルドも、フランチャイズの店舗オーナーと豊かなエコシステムを育てて、商品を売る仕組みをつくっていマス」

「なるほど、そう考えるとこのエコシステムの仕組みって他でも活用できるわけね」

日吉が言うと、マルクスがうなずいた。

「フリマアプリのメルカリも、不要なモノを売りたい売り手、安く買いたい買い手、商品受け渡しをサポートする配送業者、簡単に決済できるメルペイなどのエコシステムを育てて、大きく成長しマシタ」

「エコシステムって、大きく育つと力を発揮するのね」

「そうデス。この方法なら、ボクたちは『影武者』で、世界で戦えマス」

小杉は「世界で戦う」という言葉にビビって、声を出した。

「日本をすっ飛ばして、世界で戦う!?　さすがにムリっぽくない？」

マルクスは不思議そうに小杉に尋ねた。

「なんで日本だけで考えるんデスカ？　**デジタルの世界では、国境の壁は消えマス。しかも人口が減り続ける日本よりも、世界は何十倍も大きな市場デス**」

「でもボクは、英語なんてできないし……」小杉が口ごもる。

「グーグル翻訳やAIで日本語は一瞬で完璧な英語になりマス。ノープロブレム」

「でも、ネイティブとの英会話なんて、ボクにはムリだし……」

「皆さん忘れているみたいデスガ、ネイティブ・スピーカーなら、ここにいマス」

マルクスは自分を指さした。

「ボクも皆さんと一緒に、世界で売れるように頑張りマス」

マルクスはニコっと微笑んだ後、話を続けた。

「日本でも、最初から世界を目指す『**ボーン・グローバル**』というスタートアップが増えてマス。『スマートニュース』も、最初のアプリのリリースから半年後に米国に進出しマシタ。最初から世界を目指す方が、縮小する日本市場で頑張るよりも、むしろリスクが少なくチャンスは何十倍も大きいデス。ボクたちは最初から世界を目指すべきデス」

するとまたスピーカーから、拍手とともに反町の声が聞こえてきた。

「私も賛成です」

反町が初めて会議で意思表示した。

「エコシステムを育てるには、開発者を支援する人材を採用する必要があります。私は社外の優秀なソフトウェアエンジニアと付き合いがあるので、心当たりがある人材が何人かいます。必要なら声がけします。ただ彼らをまとめるチーム・リーダーは、皆さんで決めて下さい。私は製品開発の責任者なので、両方はできません」

日吉とマルクスは、ごく自然に小杉を見た。小杉は二人の目線を感じて慌てた。

「え、ボク？　ボクはテクノロジーなんて全然わからないよ！」

「大丈夫デス。ムサシサンならできマス。知らないテクノロジーがあっても、短時間で勉強して説明できるし、ちゃんと戦略も立ててマス。心配ありマセン」

反町もマルクスに同意した。

「私も小杉さんをサポートします。大丈夫ですよ」

突然の話に挙動不審になっている小杉に、日吉が言った。

「これだけ皆が『小杉クンがいい』と言っているから、もう決まりね。よろしくね」

「マジか」


こうして1カ月後、カケハシ社内に社外アプリ開発者を支援する数名のチームが新たに生まれ、小杉がリーダーに就任。チームの体制も整備されていった。

Story 10

広告ではブランドはつくれない

――コミュニケーション戦略

渋谷スクランブル交差点を渡ろうとした日吉慶子は、真正面にあるTSUTAYAビルの壁面に目が釘付けになった。

(なんであんなところに、港未来の上司がいるの?)

壁面には、両手を独特のポーズで広げたトライアンフの高島新がデカデカと映り、「業界初! クラウド管理は『鬼武者』にお任せ!」というメッセージが流れ、両脇のビルに設置された大型ビジョンと動画が連動していた。

日吉は思わず「コレ、なんなのよ?」と叫んでしまった。


その1週間前。高島の役員室に港と大勢の大手広告代理店の社員が集結していた。

「マーケティングのプロである我々にお任せいただければ、『鬼武者』を必ずや売れるブランドに仕立てて差し上げます。こちらが広告プランです」

高島は代理店のプレゼンを満足げに聞いていた。

「渋谷ジャックか。悪くないアイデアだな」

「インパクトが命です。弊社調査でもスクランブル交差点の大型ビジョンを4面使った同時放映は『迫力ある』『目立つ』という高評価と肯定的な意見を数多くいただいています」

「他にもこんなことやあんなこともやるのか。オレはそこで話せばいいんだな」

満更でもない高島の様子を見て、港が言った。

「目的はブランド認知の獲得です。予算も確保していただき、感謝しております」

代理店の営業も後に続く。

「潤沢な予算があれば、たとえばゴルフ場でカートに長時間乗る経営幹部に、ゴルフカートCMでピンポイントにリーチするといった多彩な手を数多く打てます。弊社も全力を挙げて、御社の成功に尽力いたします」

港が続いた。

「広告に興味を持っていただいた大企業の経営幹部には、当社の精鋭セールスチームが一斉に売り込みをかけて、大型案件を次々と刈り取ります」

「さすがオレの最高傑作。この機会にオレの顔も売り込んでくれ。5年後、この会社の社長になる男だからな」

高島は口元に笑みを浮かべていた。

その日から、世間では『鬼武者』の広告が氾濫するようになった。スマホでは突然「御社のクラウド管理は『鬼武者』にお任せ！」とデカデカと書かれた動画広告が再生された。「日本経済新聞」を広げれば、真ん中の見開き2ページの広告にあの独特なポーズを決めた高島が大写しで現れた。

日吉と小杉がタクシーに乗って、後部座席の正面ディスプレイに高島が現れ『私たちは責任を持って、クラウド全社活用という最重要課題にお応えします』と演説し始めた時は、二人とも「うわッ」と声をあげた。

「『よそはよそ。ウチはウチ』って思ってたけど、さすがにこれ、ヤバくない？」

日吉が言うと、小杉も首を何度も縦に振って言った。

「こんなに物量作戦をやられると、負けちゃうよ……」

オフィスに戻った二人は、マルクスが海外パートナーの開発者とオンライン会議を終えたのを見計らい、日経の見開き広告を見せながら言った。

「これ、何も対応策を考えていないけど、本当にいいの？」

マルクスは笑顔で即答した。

「放置でOKデス。何の問題もありマセン」

「でも、ウチの丸パクリなのに『トライアンフは3年間、じっくりこの課題に取り組んできました』とかウソばっかり。お客も『『鬼武者』にしよう』って思わない？」

「大丈夫デス。**広告では強いブランドはつくれまセン**」

驚いた日吉は思わず尋ねた。

「ブランドって、海外で広告賞を取るようなアートでカッコイイ広告で、注目爆上がりでつくるもんじゃないの？　だって、どの会社も大金を使って広告を出しているわよ」

マルクスはニヤッとして日吉に質問した。

「ケイコサン、『**お客様が絶賛していマス**』**と書いた広告、信用しマスカ？**」

「正直、あまり信用しないわね」

「デショ？　広告がブランドをつくれたのは、消費者が広告を信用していた1970年代までデス。今の消費者は広告に大金がかかっていると知ってマス。だから**広告は信用されていマセン**。しかも今は情報が多過ぎて、興味がない広告はスルーデス。『影武者』も『鬼武者』も新商品デス。知名度ゼロの新商品の場合、**広告にお金をかけても、強いブランドはつくれマセン**。トライアンフのやり方は古いんデス」

「じゃあ、あのトライアンフの広告は？」

「ほぼスルーされていマス。お金のムダ遣いデスネ」

日吉は首を傾げて「じゃあ、ブランドをつくるにはどうするのよ？」と尋ねた。

「**ブランドは**『**実績**』**の積み重ね**でつくられマス。たとえば、……ケイコさんがこうしてボクの話を聞くのは、なぜデスカ？」

「マーケティングに関しては、マルクスの言うことは一応信用できるからかな？」

「それが実績デス。ケイコサンがボクを信用するのは、ボクが実績を積み重ねたからデス。ブランドも同じデス。**『顧客満足』という実績で評判が生まれて、強いブランドができマス。**実績ゼロの『鬼武者』がいくら広告を出しても、ブランドはつくれマセン」

「『ブランドは実績』はわかったわ。じゃあ、どうすればいいの？」

「**ブランドはPRで構築される**んデス」

「PR？　それも広告でしょ」

マルクスは頭を抱えて叫んだ。

「オーマイガッ！　**広告とPRは正反対**デスッ！」

マルクスは図を描きながら尋ねた。

「ケイコサン、新聞の広告と記事、どちらを信用しマスカ？」

「当然、記事でしょ。記者が第三者目線で書いているし」

「その新聞記事がPRデス。PRは『パブリック・リレーション』の略で、日本語だと『広報活動』デス。新聞などのメディア経由で企業活動を間接的に伝える方法デス。記者や編集者が会社の出す情報を取材してメディアで伝えマス。無料デス。でも、記者や編集者が自由に書くので、会社は内容を管理できマセン」

「じゃあ、広告は？」

PRと広告は役割がまったく違う

	PR（パブリック・リレーション）	広告
発信者	メディア	企業
伝達手段	メディア、SNS	広告枠
メディア担当者	記者／編集者	広告部門
代理店	PR会社	広告代理店
管理	まったく管理できない	すべて管理できる
支払い	無料	有り
信頼度	比較的高い	低い
	ブランドを構築する	構築したブランドを思い出させる（＝守る）

「**広告は会社が新聞などの広告枠を買うので、企業が100％管理できマス。PRは逆に、企業が管理できマセン。だから消費者はPRを信用するんデス**」

「そうなると『広告はいらない』ってことにならないの？」

「広告も必要デス。消費者がPRでブランドを知っても、消費者は徐々に忘れマス。広告の役割は、ブランドを知った消費者が忘れないようにブランドを思い出させることデス。**PRで構築したブランドを守るのが、広告の役割**デス」

マルクスは新しい図を描いた。

「1970年代まで広告は万能で、PRは不要デシタ。でも、消費社会になると広告量が増えて信用されなくなり、第三者が信

広告とPRの役割は逆転した

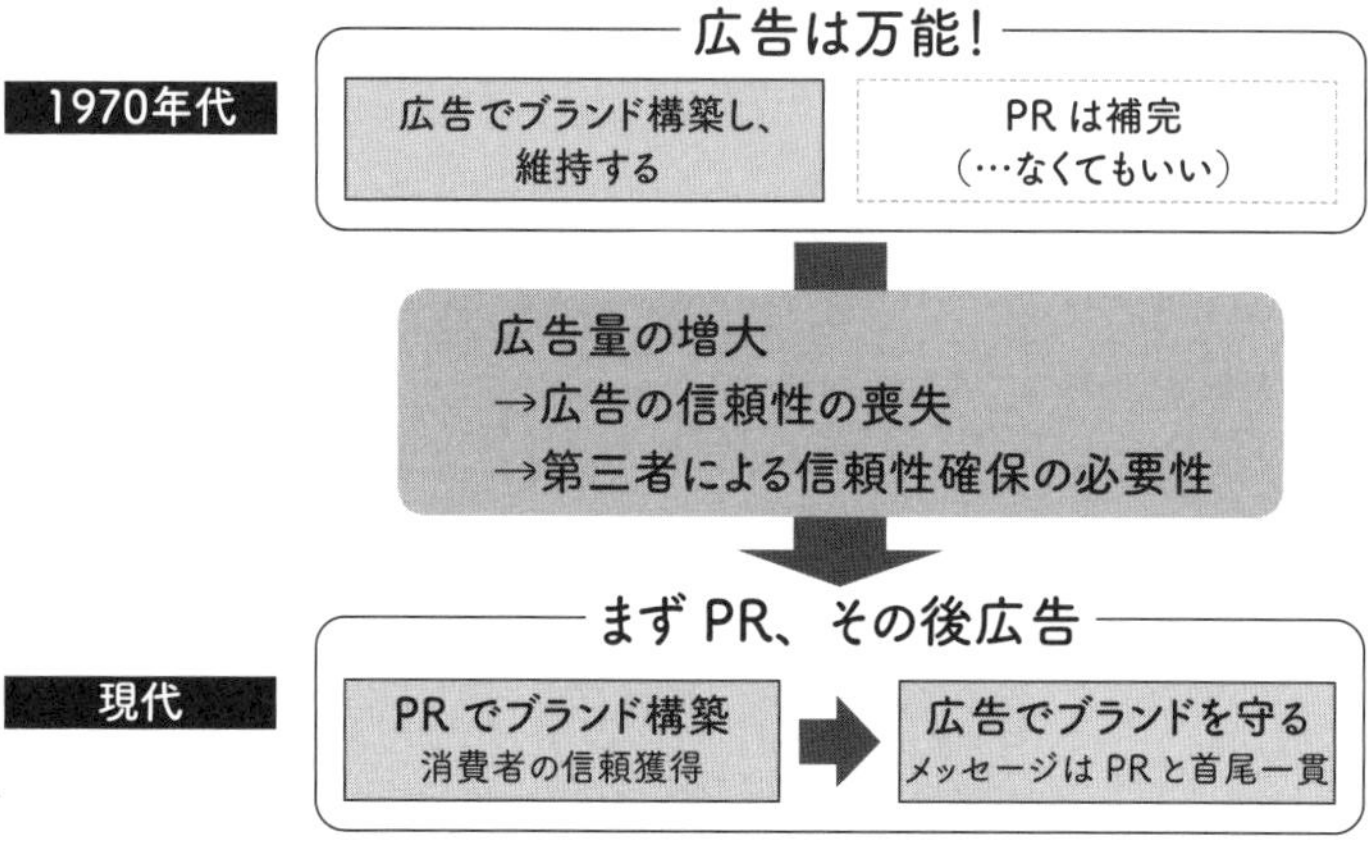

広告は万能！
1970年代
広告でブランド構築し、維持する
PRは補完（…なくてもいい）
広告量の増大
→広告の信頼性の喪失
→第三者による信頼性確保の必要性
まずPR、その後広告
現代
PRでブランド構築
消費者の信頼獲得
広告でブランドを守る
メッセージはPRと首尾一貫

頼を裏付ける仕組みが必要になりマシタ。今はPRでブランドを構築して、広告で維持する戦略が必要デス。たとえば――」

　マルクスは日吉に質問した。

「フィギュアスケートの浅田真央サンが登場する**エアウィーヴ**の広告、知ってマスカ？」

「ああ、あの寝具の広告ね」

「エアウィーヴが最初の製品『マットレスパット』を発売したのは2007年デス。この年、広告に4000万円も使いマシタ。でも売上は1000万円デシタ」

　小杉が「たったそれだけ？」と驚いた。

「7年後の売上は100億円以上デス」

　今度は日吉が「たった7年で1000倍？　どうやったの？」と驚いた。

「初年度に売れなかったので、エアウィーヴの高岡本州《もとくに》社長がブランドの専門家に相談すると、『ブランドって実績だよ』と言われたそうデス。そこでまず、実績を積み上げる方針に変えマシタ。実は初年度に買ったお客の中でアスリートから強い反応がありマシタ。パフォーマンスを高めたいアスリートは『質の高い睡眠』が必要デス。そこでアスリートにターゲットを絞って製品改良を始め、オリンピック選手も使うようになりマシタ」

「それって、すごい実績じゃない！」

「浅田真央サンがエアウィーヴを愛用し始めたのも2009年頃デス。海外遠征から帰国した時のテレビ中継に、浅田サンが必ず海外に持ち歩くエアウィーヴのマットレスパット入りの大きなバッグがよく映りマシタ。2010年頃からはテレビでも実績が紹介されて、ANA国際線ファーストクラス、ザ・リッツ・カールトン、加賀屋で採用。エアウィーヴはこの時期まではPR中心に実績を情報発信してマシタ」

マルクスは絵を描きながら話し続けた。

「でも、これだけでは『知る人ぞ知るブランド』のままデス。**そこで市場が成長期に入った2011年、コミュニケーション戦略を進化させて、広告で『一流の人が使うエアウィーヴ』というメッセージを出し始めマシタ**。つまり、最初の数年間は実績をPRで訴求してブランドを確立。その後は戦略を切り換えて広告でブランド認知を拡大して、7年間で売上が1000倍になったんデス。この戦略は、4Pの『**コミュニケーション戦略**』に忠実デス。ボクたちもまず『影武者』の実績をPRで地道に発信し続けるべきデス。トライアンフの『鬼武者』のように広告を垂れ流しても、スルーされるだけデス」

日吉は納得したように言った。

「私たちもコミュニケーション戦略をどうするか、しっかり考える必要があるわね」

日吉はチームの打合せで経緯を話した。

「『影武者』は中小企業の『ひとり情シス』に売らないといけないし、アプリを開発するエンジニアへの支援も必要よね。コミュニケーション戦略、どうすればいいのかな？」

小杉がしばらく考えた後、口を開いた。

「ボクは、エンジニアだけに絞るべきだと思う」

突然、小杉が言い出して、日吉とマルクスが驚いた。

「中小企業の情シス担当はどうするの？」

「アプリを開発するエンジニアが勤めている他社ＩＴ企業に任せてしまえばいいよ」

「任せちゃうの？　そんなことして大丈夫？」

「ウチは、他社のエンジニアが『影武者』を使いたくなるように、ボクの開発者支援チー

エアウィーヴのコミュニケーション戦略

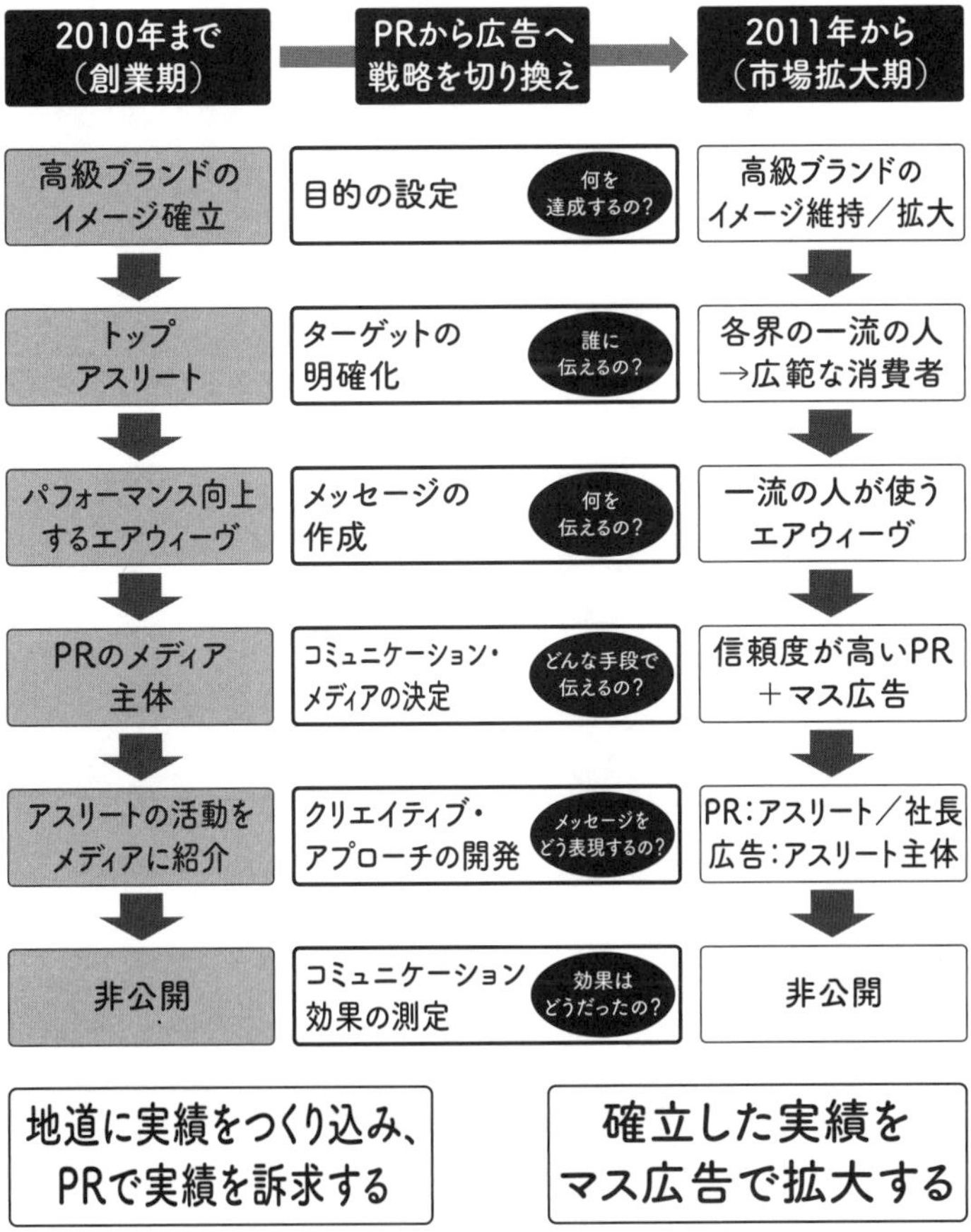

ムをつくったよね。この仕組みだと、中小企業の『ひとり情シス』の窓口は、パートナーの他社ITサービス企業になる。だって、自分たちのアプリに『影武者』を組み合わせて中小企業に売るのは彼らでしょ」（205ページ）

日吉とマルクスはうなずきながら聞いていた。

「自分たちのお客の課題を一番よく理解しているのは、彼らだ。だから、中小企業の情シス担当に何を伝えるのかも彼らに任せるべきだよ。でも、彼らが自分のアプリで『影武者』を使いたくなるように働きかけられるのは、ボクたちだけだ。ボクたちはヒト・モノ・カネが限られているから、パートナーであるエンジニアの支援に徹するべきだと思う」

マルクスも小杉に賛成した。

「賛成デス！　ぜひエンジニア向けに、強力なメッセージを出したいデスネ」

日吉も目をキラキラさせて言った。

「いいわね。だったらこの渋谷で、エンジニア向けに大きなイベントやってみない？『影武者』のよさもパートナー開発者のサポート体制もアピールできるわ」

小杉も賛成した。

「それ、いいかもね。先月『影武者』のユーザーにメールでパートナー開発者の支援チームができたことを知らせたら、『詳しく教えてほしい』っていうエンジニアの問合せが1

00人近く来ているんだよ。この人たちを中心に集客すればいいね」

2カ月後。渋谷ストリームホールでソフトウェア開発者を集めた一大イベント『影武者ワールド』が開催されることになった。最終的に数百名ものITサービス会社のエンジニアから参加の申し込みが届いた。

そのイベント開催前夜。

小杉は「ヤバい。ヤバいぞ」と言いながらプレゼンの台本を必死に覚えていた。

もともと、当イベントのオープニングステージに立つのは、社外エンジニアのコミュニティの中で抜群に知名度が高く、高い技術的な知見も持つ反町の予定だった。

しかし、その反町から突然こんなメッセージが届いたのである。

『ご依頼いただいたプレゼンですが、人前で話すのは苦手なのでやはり辞退します。パートナー開発者支援の責任者は小杉さんですから、最適任は小杉さんだと思います。自分用につくったスピーチ原稿を添付しますので、お使い下さい』

反町のメッセージを見た瞬間、小杉はクラッとめまいがした。

（マジか。前日の夜中だぞ）

反町の原稿を読むと、技術用語のオンパレード。技術的なことがサッパリわからない小杉にはチンプンカンプン。胃が痛くなってきた。

（こんなの覚えきれないぞ。今日は徹夜だな……）


翌朝、オープニングステージの舞台袖で小杉の顔を見た日吉は声をあげた。

「小杉クン、大丈夫？」

小杉は睡眠不足と過度の緊張で顔面蒼白。汗がダラダラ流れて目はうつろだ。

日吉の問いかけにも、か細い声で「大丈夫。たぶん」と幽霊のように答えるだけ。

そんな小杉におかまいなく、司会は無情にも会場の聴衆にイベントの開会を告げた。

「お待たせしました。『影武者ワールド』の始まりです。オープニングスピーチは、カケハシの開発者支援チームリーダー、小杉武蔵です。小杉さん、ご登壇ください」

大きな拍手に迎えられて、大ステージの舞台袖から小柄な小杉がヨロヨロと出てきた。

手に持ったマイクはガタガタと震え、傍目にも緊張しているのがよくわかる。

「み、み、皆さんこんにちは。カ、カッ、ケッ、ハシの小杉武蔵です」

何とか最初の言葉を言い切ると、小杉は舞台下に設置されているプロンプター画面に表示された言葉を必死に読み上げた。

「ぼ、ボクたちは、Ａ、ＡＰＩの……」

今や徹夜で覚えたセリフはすべて吹き飛び、頭は真っ白。プロンプター上の文字も満足に読み上げられない。数百名の聴衆からの「コイツ大丈夫か？」という視線が痛いほど突き刺さり、身体の芯に何か冷たいモノが走って小杉はパニックに陥っていた。

心臓はバクバクと鳴り続け、視界も歪んできた。歪んだ視野の片隅に、会場最後部で心配そうに見守る日吉とマルクスが見えた。

（ダメだ。『影武者』の大事なイベントが、ボクのせいで大失敗に終わる……）

その時、プロジェクターとプロンプターの電源が同時に落ちた。会場がざわつき始めた。唯一の命綱だった原稿も、もう見られない。万事休すである。小杉は一瞬、気が遠くなりかけた。

その時、最後部の日吉が両手で大きな紙を掲げた。文字が書いてある。

『自分の言葉で話そう！　まず深呼吸！』

視野の隅に見えたそのメッセージで、小杉は我に返った。

（そうか。うまいプレゼンなんて、最初からボクには期待されてないんだ。ボクたちのことを、飾らず素直に伝えればいい。それでもダメなら、もともとダメってことだ）

緊張は続いていたが、そうやって腹が据わった瞬間、不思議と頭が動き出した。

一度、ゆっくり深呼吸して気持ちを立て直した小杉は、覚えてきた台本を捨てた。

「……じ、実はボクたち、『新規事業をやれ』と言われて集められたチームです。でも最初は一体何をすればいいか、まったくわかりませんでした……」

小杉は絞り出すように、自分の言葉で語り始めた。

「そ、そこで、中小企業を回ってお客様に会い、生の声を聞いてみたんです。そしてわかったのが、中小企業の『ひとり情シス』の人たちが抱えている課題でした」

不思議なことに、自分の思いを語ると、言葉が泉のように湧き出してきた。

「この問題を何とか解決したい、と考えて『影武者』をつくりました。でも、ボクたちの力だけでは解決できないこともわかりました。そこで考えたのが、ここにいる皆さんに『影武者』のAPIを公開し、お客様の課題を一緒に解決することだったんです」

汗を拭いながらたどたどしく語る小杉の話に、いつしか聴衆は聞き入っていた。

「……今日ここに集まったボクたちは、**お客様の課題を解決する仲間**です。皆さんのご協力がどうしても必要です。実現するのはボクたちなんです。よろしくお願いします」

何とか話し切った小杉が祈るように深々と頭を下げると、一瞬の間の後、大きな拍手が湧き上がった。同時中継のオンライン動画にも拍手のアイコンが次々に表示された。

ステージから降りた小杉には、名刺交換を求める長い行列ができていた。

マルクスはその様子を驚きながら眺めて、つぶやいた。

「ムサシサン、スゴいデス。人は『WHY＝なぜそれをやるのか』から語り始めると心が動いて行動しマス。サイモン・シネックのプレゼンの極意『ゴールデン・サークル』デス。これを実践して、なぜ『影武者』をやるべきかを誠実に話していマス」

マルクスの横では日吉がニコッとしてつぶやいた。

「小杉クン、やればできるじゃない。またお願いしようかな」

小杉のオープニングステージの後、パートナーのIT企業によるアプリの紹介やデモのほか、『影武者』の導入企業による事例紹介が行われた。

圧巻はバリューマックス副社長・宮前久美のプレゼンだった。

「私たちバリューマックスは、世界中の『ヤマクラフォーキャスト』のユーザーに『影武者』を次々と提案していきます！　ともに日本発のグローバル製品を目指します」

宮前の発言はメディアでも「日本発、世界へ進撃中の『ヤマクラフォーキャスト』に『影武者』が標準装備！」と大きく取り上げられ、多くの人々が初めて『影武者』の名前を知る機会となった。SNSでも「『ヤマクラフォーキャスト』がお勧めする『影武者』って、何？」と大きな話題になった。

こうして行われた『影武者ワールド』は大成功。このイベントを契機に『影武者』は広がっていった。

その頃、トライアンフでは高島が役員室で港を問い詰めていた。

「この『鬼武者』の低迷はなんだ？　しかも問題山積みだと？　どうするんだ？」

『鬼武者』の売上が伸びない上に、問題が多発していたのである。

綱島によるとカケハシでは、『影武者』を試用した企業の多くはすぐに成約するという。

加えて港は『影武者』の顧客向けの説明資料もすべて入手していた。

そこで港は『影武者』の販売資料を『鬼武者』用に微修正して、トライアンフの大企業向けの精鋭セールス部隊に渡せば、成約案件を量産できると踏んでいた。実際にセールス部隊は100社以上の大企業のクライアントに『鬼武者』を提案した。

しかし、売り始めて3カ月が経っても、成約した大企業はゼロだった。

『鬼武者』を提案すると、どの企業も最初はこんな反応をした。

「いいですね！　当社で検討させてください」

しかしほとんどの場合、2週間後に進捗を確認するとこんな回答が返ってきた。

「来月には社内検討を開始します。全社共通ツールですから、他システムとの整合性確認や、社内他部門との調整が必要です。半年後には検討結果がわかるでしょう」

港がセールスに「検討を早めてください」と言うと、彼らはこう返してきた。

「港さんは大企業のセールスプロセスをご存じでしょう？　売り始めてから成約まで短くても6カ月間、1年や2〜3年かかる案件もザラですよ」


そんな中でも、成約案件もあった。トライアンフでは数少ない中小企業を担当する営業部の案件だった。しかし、こちらは悲惨だった。セールスが『鬼武者』を説明すると多くの顧客が即採用したが、使い始めた途端、クレームが殺到するのである。

「ログインできません」

「ユーザー登録ができないんだけど」

「導入した途端、社内システムがすべて止まって一切業務ができなくなったぞ」

すべて『鬼武者』のバグだった。その数、数百件。しかし、『鬼武者』開発チームにバグを報告しても、数週間経っても返事がない。業を煮やしたトライアンフのセールスたちは次々と開発チームに直談判に押しかけた。

「お客様のシステムが停止して多大な損害が出ている。バグはいつ直るんだ？」

疲れた顔をした綱島が彼らに対応していた。机に障害レポートが山積みである。

「大丈夫ッす！　いま直しているところッす。明日までには楽勝で直します！」

しかし『鬼武者』のバグはまったく修正されなかった。

高島は港を責め立てていた。

「役員就任早々、これじゃ困るんだ。このままではキミの処遇も考えないとな」

港は自分の席に戻り、スマホで綱島を呼び出した。しかし、綱島は出ない。

港が綱島の開発室に行くと、もぬけの殻だった。近くにいる社員に聞くとこんな答えが返ってきた。

「綱島さん？　昨日からオフィスに来ていませんよ」

その頃綱島は、遠く九州・大分県の温泉宿で放心したように温泉に浸かっていた。

(「バグが出たから直せ」なんて、ムリ言うなよ。そもそもオレ、プログラムのデバッグなんて苦手なんだよ。オレはソースコードをコピーしただけだし、どこが悪いのかなんて面倒くさくて調べられないよ。文句言わないでほしいなぁ)

綱島が消えた開発室で港は思考を巡らせていた。

(綱島は使えなさ過ぎね。まぁ、いいわ。『影武者』のソースコードはこっちにある。ウ

チの優秀な精鋭エンジニアを投入すれば大丈夫）

　港は、あらかじめ高島の承諾を得ていた製品本部の選りすぐりの精鋭エンジニア3名を即日開発チームに投入した。その日の午後、エンジニアの一人から電話があった。

「港部長。念のため確認です。これ、本当に製品としてリリースしたんですか？」

「そうよ」

「製品レベルになっていませんよ」

「説明してくれる？」

「たとえば、ユーザーがログインする時、ユーザーIDを間違って入力したりしますよね。そこでユーザーに再入力を依頼する処理をプログラムで用意するんですよ。製品化にはこうした色々な例外処理をすべて想定してプログラムを書いた上で、正しく動くかをテストで検証する必要があります。でも、『鬼武者』にはそんな例外処理が一切ありません。客先で動かないのは、当たり前です」

「修正にはどれだけの労力と時間がかかるの？」

「足りない機能も多そうなので、ウチのもっとも優秀なエンジニアを三人投入しても、半年はかかりますね」

　表情を変えずに報告を聞いていた港は「わかったわ」と言って電話を切ると、その後は東京ミッドタウンの上層階から見える東京の景色を静かに眺めていた。

その後、ＳＮＳでは「『鬼武者』が動かない」「ダマされた」という声が目立ち始め、ネット上でも「広告は誇大広告」「トライアンフはウソつき」という書き込みが目立つようになった。


一方のカケハシ。『影武者』と自社製品を組み合わせて中小企業に提案するパートナー企業はすでに数十社を超えた。パートナー企業の製品が売れると『影武者』も売れる好循環が回り始め、『影武者』の売上は急拡大していた。

そんな中で行われた日吉チームの定例会議では、久しぶりにトライアンフが話題になった。日吉がスマホ画面を見ながら言った。

「ＳＮＳを見ていると、『鬼武者』の評判って最悪みたい」

小杉も続いた。

「『影武者』のパートナーさんも、『知り合いが『鬼武者』が動かないって言うから当社が『影武者』を提案したら即採用で、順調に稼働中です』って言ってたよ」

するとスピーカーから反町の声がした。

「綱島さんは退職した時、多摩川さんが最初に試しでつくっていた古い初期バージョンの

『影武者』のソースコードを間違ってコピーしたんですよ。あれは最低限しか動かないんですけど、トライアンフはそのまま『鬼武者』正式版として出荷したようです。『鬼武者』がバグだらけなのも当然です」

「反町さん、綱島さんが不正コピーしたのを知っていたの？」と一同が驚いた。

「私は『影武者』のソースコードを厳重管理していますから、コピーした日時やファイルの詳細も把握しています。そもそもあの人、バグも自分で直せずにボクを頼る人です。港さんが課長に抜擢したそうですが、港さんはエンジニアを見る目はなさそうですね」

社外のエンジニアコミュニティに顔が広い反町は、実は地獄耳だった。

「そう言えば、『鬼武者』の販売状況もかなりひどいみたいね。どんな状況なの？」

小杉が日吉に答えた。

「パートナーさんの話では、トライアンフのお客は大企業がほとんどなので、『鬼武者』を提案すると延々と稟議が始まって、『これじゃ使えない』って反対意見も出たりして、なかなか採用が決まらないそうだよ」

「なるほど。私たちは中小企業の『ひとり情シス』向けに『影武者』をつくったし、情シス担当が一人で決めるから即決だけど、これを大企業に売るのはムリなのね」

マルクスは（ウンウン）と激しく首を縦に振って納得した。

「『影武者』は、中小企業で『ひとり情シス』が抱える課題と解決策を考えて、ＳＴＰと４Ｐを首尾一貫させた戦略を立てマシタ。でも、トライアンフはそもそもＳＴＰを考えずに、ボクたちが考えた４Ｐをバラバラにコピーした結果、マーケティング戦略が破綻して失敗したんデスネ」

「港の敗因は、お客に向き合わずにＳＴＰと４Ｐをサボって考えなかったことね」

「その通りデス。この前『創造的模倣』を話しマシタ。**模倣には原理を理解している『よい模倣』と、目に見える現象だけを見てうわべをマネした『悪い模倣』がありマス。**ボクたちが『ひとり情シス』の課題解決のために多摩川サンが社内用につくった仕組みを使ったのは『よい模倣』デス。逆にトライアンフは、戦略を理解せずに『影武者』のソースコードと販促資料を丸々コピーした『悪い模倣』なんデス」

小杉が「なるほど、要は劣化版コピーということか」と言った。

「ＳＴＰと４Ｐがバラバラで失敗する事例は多いんデス。ファーストリテイリングは、野菜を通販で売ろうとしたことがありマス。野菜流通はムダが多いので、『ユニクロで培った合理化スキルが活かせる』と考えて、『新鮮で安全な野菜』を通販で提供しようとしマシタ。でも1年半後、30億円の赤字を出して失敗しマシタ」

日吉が「狙いはよさそうだけど、なんで失敗したの？」と尋ねた。

**トライアンフが失敗した根本原因は、
STPと4Pがバラバラだったこと**

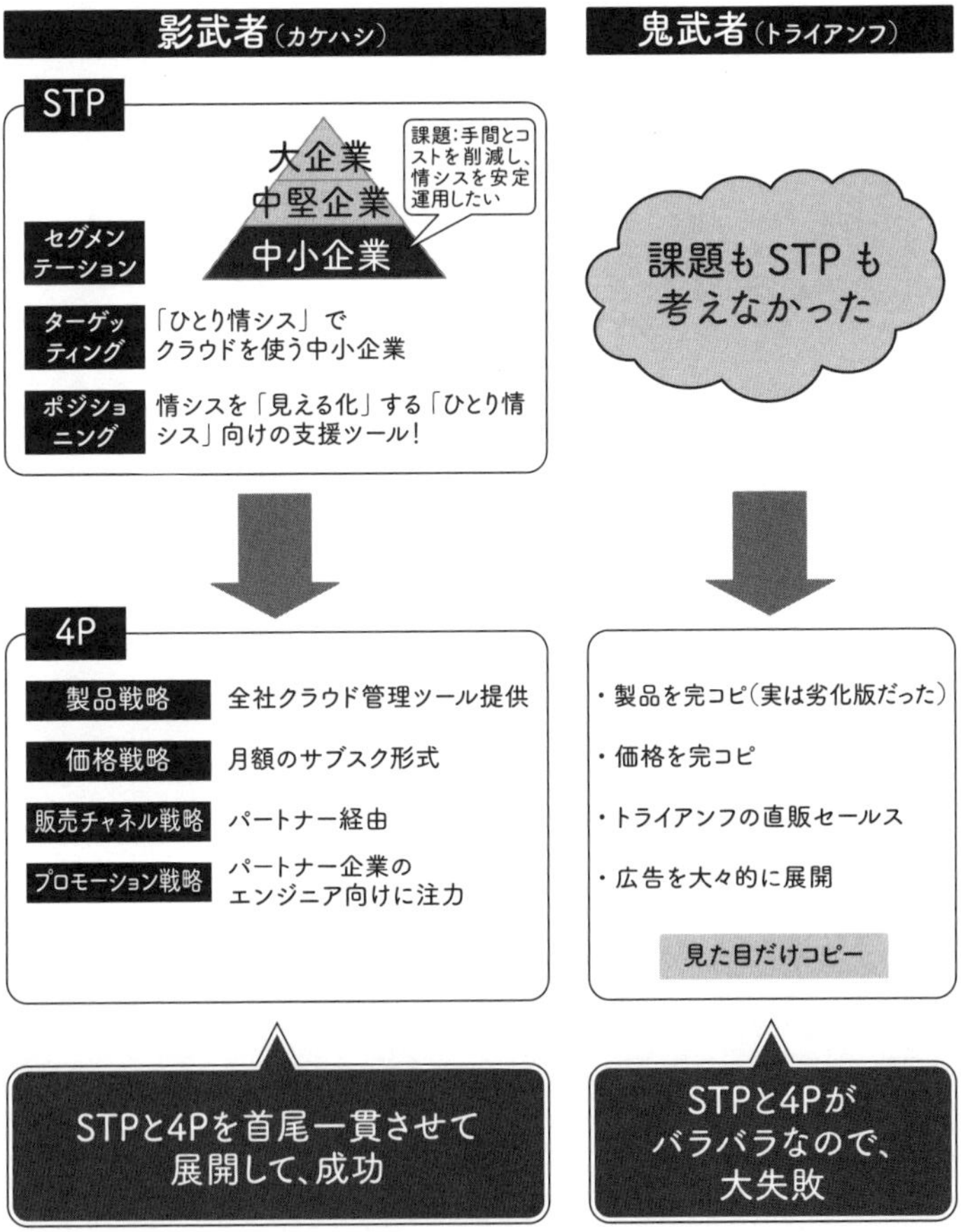
影武者（カケハシ）
鬼武者（トライアンフ）
STP
大企業
中堅企業
中小企業
課題：手間とコストを削減し、情シスを安定運用したい
セグメンテーション
ターゲッティング
「ひとり情シス」でクラウドを使う中小企業
ポジショニング
情シスを「見える化」する「ひとり情シス」向けの支援ツール！
課題もSTPも考えなかった
4P
製品戦略
全社クラウド管理ツール提供
価格戦略
月額のサブスク形式
販売チャネル戦略
パートナー経由
プロモーション戦略
パートナー企業のエンジニア向けに注力
・製品を完コピ（実は劣化版だった）
・価格を完コピ
・トライアンフの直販セールス
・広告を大々的に展開
見た目だけコピー
STPと4Pを首尾一貫させて展開して、成功
STPと4Pがバラバラなので、大失敗

「ターゲット顧客の主婦は多忙で、『1カ所で買い物を済ませたい』『野菜は手に取って確かめたい』と思っていマス。でも、通販では野菜が選べマセン。ターゲット顧客のニーズとポジショニング、製品やチャネル戦略がバラバラだったんデス」

話を聞いて日吉は納得した。

「なるほどね。STPと4Pを考え抜くって、基本中の基本なのね」


再び、トライアンフのオフィス。高島は低迷し続ける『鬼武者』に激怒していた。

「まったく、使えない連中ばかりだな」

すると秘書から「高島本部長、社長がお呼びです」と声がかかった。

「ふー。社長か……。『どうなってるんだ！』って詰められるんだろうなぁ」

高島が社長室に入ると、社長は「これなんですが……」と言いながら、書類を机の上に差し出した。公正取引委員会からトライアンフ宛に送られた文書だった。

「あなたが責任者だった購買部門と取引がある下請け業者の数十社から、公正取引委員会に『トライアンフから不当に買い叩かれたり、無理難題を押しつけられて経営が圧迫されている』という苦情が寄せられているそうです」

高島は大きくに両手を広げて、苦笑いする。

「いやいや。困るなぁ。すべての下請け業者とは、発注内容は合意済みですよ」

「そこには『当初の発注書面の金額が実際の支払金額で減額された』という証拠も付いています。言い逃れは難しいと思いますけどね」

高島は慌てて書類を手に取って次々とページをめくる。

「こんな書類、誰でも捏造できます。名誉毀損で訴えるべきです」

「なるほど。じゃあ、こちらはどうですか？」

それは高島がＵＤサービスの住吉に支払ったリベートの会計記録だった。

「この支払先は下請け先の責任者の個人会社ですね。これはリベートですか？」

「とんでもない。住吉さん個人にコンサルティングを依頼した代金です」

高島は必死になって否定した。

「そうですか。では、これは？」

今度の書類は警察庁関東管区警察局・サイバー特別捜査部からの通知書だった。

「この通知書によると、我が社の何者かが第三者経由で、海外のサイバーテロリストにカケハシという会社へのサイバー攻撃を依頼をした、とあります。お心当たりは？」

高島の額に、ジワッと脂汗がにじみ始めた。

「私にはまったく心当たりがありません……」

社長は残念そうに言った。

「これらはすべてあなたの仕業という裏付けが取れています。間もなく警察庁のサイバー特別捜査部が来ます。あ、もう来たみたいですね」

ドアが開き、スーツ姿の捜査官4名が入って来て、高島に警察手帳と捜査令状を見せた。

「高島新さんですね。署までご同行願います」

捜査員に促されて部屋を後にしながら、高島は後ろを向いて社長に叫んだ。

「すべてはトライアンフのためと思ってやったことです！　私は悪くありませんっ」

社長は高島を哀れむような眼差しを向けて言った。

「筋違いです。下請法の違法行為は明確。取引先への利益供与やサイバーテロは犯罪です。あなたは出世欲のために我が社の看板に泥を塗り、信頼を大きく貶めた。即日、懲戒解雇です。もうこの時点で、あなたとウチは何の関わりもありません」

「そ、そんなぁ……」

数分後、「茶亭羽當」にいた多摩川園子のスマホにメッセージが着信した。

『Silver Wolf様、今回もサイバー犯罪摘発で多大なるご協力を賜り、誠にありがとうございました。今後も引き続き我が国の治安向上のためにご協力のほど、よろしくお願い申し上げます。警察庁関東管区警察局・サイバー特別捜査部』
多摩川はメッセージを確認するとすぐに削除した。そして口元に笑みを浮かべてコーヒーを口にしながらつぶやいた。
「悪いことするヤツは、許せへんねん」

同時刻。

トライアンフの社長室に港未来が入って来た。社長は港に頭を下げた。

「高島の本性を見抜けなかった私の不徳の致すところだ。勇気を持って、上司である高島の不正の数々を通報してくれて、感謝するよ」

港は黙ったまま、深々とお辞儀をした。

「高島が警察に逮捕された以上、世間で騒ぎになるのは抑えきれないな。問題は大量の広告で『鬼武者＝高島』のイメージが定着していることだ。港さんは新任の開発部長として『鬼武者』の開発を迅速に進めてくれたが、状況を鑑みると高島のイメージが定着した『鬼武者』は販売中止もやむなしと思う。港さんはどう思う？」

港は伏し目がちに答えた。

「断腸の思いですが、私も同じことをご進言申し上げようと思っていました。『鬼武者』

を丹精込めて育てて来た私としても苦渋の判断ですが、何よりも大切にすべきはお客様からトライアンフへの信頼だと思います」

「港さんが頑張ってくれたのはよくわかっている。辛いと思うが、理解してほしい」

社長に最敬礼して社長室を辞した港は、自分の部屋に戻りイスに深々と座った。

（これで『鬼武者』は販売中止ね。製品トラブルも売り上げ不振も闇に葬れる。高島も消せて一石二鳥。『オレの最高傑作』なんていい迷惑。ワタシはワタシよ）

港は高層階からの見慣れた東京の眺望に目をやった。

（「危ない橋を渡るかな」と思ったけど、社長が想定以上にお人好しで助かったわ。これはこれで、予想外の収穫。将来、使えるカードを手に入れたわ）

港は口元にニヤリとすごみのある笑みを浮かべた。


翌日。

新聞各社の一面に「トライアンフ役員逮捕！」の記事が一斉に載った。

そしてほどなく、『鬼武者』は市場から跡形もなく消えていった。

Epilogue

3年後

3年が経った。

有明の東京ビッグサイトでは、スタートアップ関係者のための大規模イベント「ジャパン・スタートアップ・デイ」が行われていた。

初日の基調講演「注目のスタートアップ起業家に聞く」に登壇した五人のスタートアップ経営者の中に、世間の注目を集めるカケハシを率いる日吉慶子がいた。

「では次に、日吉慶子さん。自己紹介をお願いします」

ステージに立つオーラあふれる若手起業家たちを見渡しながら、日吉は話し始めた。

「ここにいる皆さんは、ビジョンが明確でマーケティング戦略もしっかり考えていて本当にすごいですよね。実は私、最初マーケティングがチンプンカンプンで、『STPって、新しいK-POPグループ?』って聞いちゃったんですよ」

今やすっかり持ちネタとなったジョークに、聴衆がドッと笑った。

「ここにいらっしゃる起業家の方々と違って、私は新卒でUDサービスに入った会社員です。『この会社を世界一の会社にして、日本を元気するぞ』と意気込んでいたんですけど、空回りしていました。今、私がここに立つことができているのはチームメンバーのおかげです。実はこの会社を立ち上げたきっかけも……」

聴衆はそんな日吉の話に聞き入っていた。

会場の後方に座っていた祐天寺大介社長は、日吉の話を聞きながらつぶやいた。

（あの子がこうなるなんて、予想もしなかったな）

20年以上前、日吉の両親が経営する商店に出入りして経営変革の支援をしていたのは、実は祐天寺だった。UDサービスの創業から15年が経過し、会社は成長。創業社長の祐天寺は経営の陣頭指揮をとっていた。その一方で、現場感覚を失わないためにいち担当セールスとして常に顧客と接していたのである。

店舗内の客の動きや商品在庫の変化を細かくメモに記入していた祐天寺がふと気付くと、まだ幼稚園に上がる前の女の子が「どうぞ～」と言ってお茶を持ってきた。

「ありがとう。名前は何ていうの？」

「ひよしけいこです。いつもお仕事、おつかれさまです」

目をキラキラ輝かせて、祐天寺の仕事に見入る日吉の姿が、先日のことのように脳裏に甦ってきた。

（あの小さな子がウチの会社で新規ビジネスを立ち上げてくれたんだな。それにしても、スタートアップ経営者の経験はビジネスパーソンの成長を一ケタ加速するって本当なんだね）

今や『影武者』は中小企業の経営を支える定番サービスとして広く認知されていた。『サブスクの赤字の投資期間』も乗り切って事業は収益化。売上と利益は急成長フェーズに入っていた。カケハシも高収益企業となり、給料はこの3年間で一気に増えてIT業界トップクラスだ。

日吉・小杉・マルクスの三人で始めたカケハシは、今では社員数100名を超えている。製品開発チームは反町毅が、パートナー開発者支援チームは小杉武蔵が、それぞれ部長として担当していた。さらに親会社UDサービスから代官山人が転籍して管理部長に就任。常に先回りして着実に仕事を進める堅実な事務処理能力は転籍後も健在だった。

一方、トライアンフは大激動に見舞われていた。

高島による下請け搾取、金品授与、サイバーテロ教唆、新製品失敗などの不祥事は当初隠蔽されていたが、ほどなく全貌が明らかになり、マスコミが面白おかしく書き立て始めた。そしてある時、信用が失墜して取引先を次々と失ったトライアンフの株価は急落した。

そのタイミングを見透かしたように、世界最強と称されるグローバルITサービス大手「タイタン」がトライアンフにTOB（株式公開買付け）を仕掛けてきた。

このTOBが成功し、トライアンフはタイタンの100%完全子会社となり、社名は「タイタン・ジャパン」に変わった。トライアンフの旧経営陣は一掃。タイタンのグローバルチームから来た経営幹部に入れ替わった。

新任のタイタン・ジャパンCEOは、中国系米国人の馬車道（ジョン・マー）。

メディアインタビューでは、マーは流暢な日本語でこう語った。

「世界から見て日本のデジタルトランスフォーメーション（DX）は大きく遅れています。私どもは旧トライアンフの強力なリソースと、私たちタイタンがグローバルで培った知見を組み合わせて、日本企業のDX進展・経営力強化に大きく貢献するゲームチェンジャーとして尽力してまいります」

そう語るマーの横には、旧トライアンフから若くして唯一、経営陣に抜擢された港未来が、タイタン・ジャパンのナンバーツーとして座っていた。


――数カ月前。

港未来はトライアンフを取材するメディア関係者の動きを細かくチェックしながら、トライアンフの株が暴落し始めるタイミングを見極めていた。そして暴落の兆候をつかむとすぐに渡米。米国タイタン本社でジョン・マーと会っていた。マーはハーバード・ビジネス・スクール留学時代の同級生だった。

港はマーに「ジョン、久しぶりね」と握手した後、切り出した。

「タイタンは日本市場進出を狙っていて、あなたは今、その責任者よね？」

「イエス。日本でゼロから地盤を築くと時間がかかるからね。戦略を検討中だよ」

「間もなくトライアンフがバーゲンセールよ。タイタンが日本に進駐するために必須となる優秀な兵隊を格安で大量に雇える絶好のチャンス。日本攻略の橋頭堡《きょうとうほ》（beach-head）を築けるわ」

「『お金で時間を買う』って発想は悪くないね。もちろん我々もトライアンフを分析しているよ。確かに現場は優秀だが、経営幹部はビジネスセンスがない連中が多くて、お世辞にも優秀とは言い難いというのが我々の結論だ」

「的確な評価ね。後は考え方次第よ。日本市場でタイタンが成功するには、人員削減も一切躊躇しないドライなタイタン流の実践が必須。経営陣は総入れ替え。今の経営幹部は適当に理由をつけて切ればいい。社長をはじめ経営幹部は皆お人好しだし、理由なんて後からいくらでも付けられるわ。あなたたち、そういうのは得意中の得意でしょ？」

馬は声を上げて笑った。

「確かに。ミクの上司は高島だったね。まったくコンプラ的にあり得ない。あの一件からもトライアンフの現経営陣が、グローバルカンパニーの経営幹部としてセンスのカケラもないことは明白だな。で、ミクはボクの右腕になってくれるんだよね？」

かくして港未来は、33歳の若さで社員4万人を擁する新生タイタン・ジャパンのナンバーツーの立場を得たのである。

ある日、日吉がオフィスで仕事をしているとマルクスがやって来た。

「ケイコサン、日本でフィールドリサーチした結果を論文に書き上げて認めてもらいマシタ。大学教授のポストも決まりマシタ」

「マルクス、すごい！　読みたいなぁ。でも英語の論文でしょ？」

「ちゃんと日本語版も用意してマス」

マルクスは印刷した論文を日吉に渡した。

（『影武者』とか私のこととか、どんな風に紹介されているのかな……？）

日吉は内心ワクワクしながら論文を読み始めた途端に、頭を抱えて叫んだ。

「ホワーイ!?」

論文タイトルは『ラーメン二郎のマーケティング戦略とパーパス経営』。

いくら読んでも、『影武者』も日吉のことも出てこない。

「マルクスは、日本企業をフィールドリサーチするためにウチに入ったんでしょ？　なんで研究テーマがウチの会社じゃなくて、ラーメン二郎なわけ？」

「あ、これデスカ？　ボクはケイコサンに教わったラーメン二郎の社訓に感動しマシタ。まさにパーパス経営そのものデス。そこでラーメン二郎に毎週末通っているうちに、二郎のナゾがますます深まりマシタ。調べてもよくワカラナイ。そこで休日はラーメン二郎でバイトして研究してマシタ。仕事しながらラーメン二郎でバイトをして、論文にまとめるのは、本当に大変デシタ」

マルクスがニコッとすると、日吉はガックリする。

「何よー。早く言ってよ〜」

その時、日吉のスマホに祐天寺社長からメッセージが届いた。

『ちょっと相談があるんだけど、マルクスと一緒に来てくれるとありがたいです』

日吉は「マルクスと一緒にすぐ行きます」と返事をした。

社長室に行くと、祐天寺がいつもの笑顔で座っていた。

「さっきタイタン・ジャパンのマーとかいうＣＥＯから、手紙が届いたよ」

祐天寺が見せた手紙は、こんな内容だった。

「御社の子会社カケハシが開発した『影武者』は、日本企業のＤＸを強化する素晴らしい武器です。つきましてはタイタンへ、カケハシの事業譲渡をご検討いただきたく存じます。

貴殿がご満足いただける相応のキャッシュをご用意します。もしご同意いただけない場合は、弊社としては相応の措置を検討せざるを得ないことも申し添えておきます。よいご返事をお待ちしています」

啞然とする日吉とマルクスを見ながら、祐天寺は笑顔で言った。

「随分と失礼な会社だよね。もちろん断るからさ。で、相談は別件なんだ」

そう言いながら、祐天寺は真剣な表情で二人に向き直った。

「僕は今年71歳なんだよね。日吉さんたちの活躍を見ていて、僕も猛烈に残りの人生で新規事業に挑戦したくなっちゃったんだ。そこで日吉さん、親会社のUDサービスの社長も兼任でやってくれないかな？　マルクスも、ぜひ日吉さんをサポートしてほしい。あと、今度戦う相手は、国内最強のトライアンフから、世界最強のタイタンってことになるよね。この失礼極まりない連中にも、必ず勝ってほしい」

祐天寺はイスから立ち上がって、日吉とマルクスに90度直角のお辞儀をした。

日吉とマルクスは、同時に頭を抱えて叫んだ。

「オーマイガッ！」

あとがき　「アニマルスピリット」を発揮せよ

『たぶん、かなりたってからでないと結果の全貌がわからないようなことを積極的にやろうという人々の決断は、ほとんどがアニマルスピリットの結果でしかないのでしょう。（中略）アニマルスピリットが衰えて自然発生的な楽観論が崩れ、数学的な期待以外あてにできなくなると、事業は衰退して死にます』

20世紀を代表する経済学者ジョン・メイナード・ケインズが、歴史的名著『雇用、利子、お金の一般理論』（講談社学術文庫、山形浩生訳）で語った言葉です。「アニマルスピリット」とは「野心」や「情熱」のことで、ビジネスの原動力です。

本書の主人公・日吉慶子が発揮しているのがこのアニマルスピリットであり、日本が「失われた30年」で見失ったのも、このアニマルスピリットなのです。

本書は２０１１年に刊行した『１００円のコーラを１０００円で売る方法』（三部作。以下『１００円のコーラ』）の続編として、現代にあわせて書き下ろした新作です。『１０

0円のコーラ』は、10年以上にわたりマーケティング初心者の定番本として読み継がれ、ありがたいことにシリーズ60万部のベストセラーとなりました。

新作の本書『【新】100円のコーラを1000円で売る方法』（以下『【新】100円のコーラ』）では、登場人物、ストーリー、紹介するマーケティング理論をすべて一新しました。

理由は次の三つです。

理由①　この10年で、新たなマーケティング理論が次々と登場した

たとえば、Story1で紹介したバイロン・シャープの理論、Story2のイノベーションの本質、Story3の顧客開発モデル、Story6のサブスク戦略などです。

理由②　この10年で、古くなったマーケティング理論や誤解もある

「既存顧客を大切にせよ」というかつての常識は、Story1で紹介したように正しいとは限らないことがわかっています。他にもマーケティングでは様々な誤解があります。

理由③　この10年で、日本がデフレ経済から普通の市場経済に戻った

日本はやっとデフレ経済から脱却して、金利がある普通の市場経済に戻りました。今必要なのは、アニマルスピリットを持ってリスクに挑戦することです。

一方で、現代の日本では、スタートアップが数多く芽生えて成長を始めています。

私が主宰する「永井経営塾」では、スタートアップの起業家を数多くゲストにお招きして対談しています。私が彼らから感じるのが、アニマルスピリットの熱量です。

彼らのようなスタートアップ起業家は共通して、最新マーケティング理論を貪欲に学んでいます。彼らは多忙ですが、人生を賭した起業で成功するためにマーケティング理論を学ぶことは、食事や入浴のようにごく当然の日常的な行動なのです。

しかしながら、日本の多くの会社員はマーケティングの初歩すら学んでいません。

本書でも紹介したように、世界のビジネスパーソンにとってSTPや4Pは「読み書き算盤」と同じレベルの常識です。しかし、多くの日本企業ではマネジャーや経営幹部でも「STP」「4P」という言葉の存在すら知らないのが現実です。

これは見方を変えると「日本企業は、唯一の弱点・マーケティングを強化すればダントツの競争力を獲得できる」ということです。

私たちがマーケティングを学ばないのは、実にもったいないことなのです。

マーケティングの基本は、意外とシンプルです。

そこで本書『【新】100円のコーラ』は、日本全体のマーケティング力を底上げするために、「マーケティング初心者の新たな定番本」として書き上げました。

本書は、マーケティングの基本をスムーズにご理解いただくために、ポイントを絞って理論を紹介しています。より詳しく学びたい方は、巻末特典で紹介している書籍などをご覧ください。

また、拙著『MBA必読50冊』シリーズの三部作は、古今東西のマーケティングや経営理論の必読書を150冊取り上げて、体系的に解説していますのでご活用ください。

さらに完全オンラインで開催している『永井経営塾』では、様々なマーケティングの考え方をわかりやすい講義でいつでもどこでも学べます。ご興味があればご参加ください。

なお、前シリーズ『100円のコーラ』も、本書『【新】100円のコーラ』とは違う学びが得られます。これは、それぞれの本が生まれた背景と狙いが異なるためです。

本書『【新】100円のコーラ』は「マーケティングの本質がわかり、重要なマーケティングの基本用語を理解して使いこなせる一冊」として書きました。これは、現代のビジネスの現場ではマーケティングの基本用語が飛び交うシーンが増えたにもかかわらず、それらを正しく使いこなせずに悩む人に応えるためです。

一方で2011年に刊行した『100円のコーラ』は「マーケティングの基本用語を覚えなくても、マーケティングの本質がわかる一冊」として書きました。十数年前の刊行当時は、現代ほど「マーケティング」という言葉は一般的ではありませんでした。そこで、基本用語の使用はあえて最小限にとどめて、マーケティングの基本用語を学ばなくても凝縮したマーケティングのエッセンスをつかめるように書きました。

『100円のコーラ』は三部構成で、取り上げるテーマは各々で異なります。1冊目のテーマは「顧客中心主義」、2冊目は「成功体験からの脱却」、3冊目は「イノベーションとリスクへの挑戦」です。ちなみにストーリー中、『影武者』を成功させるカギとなった『ヤマクラフォーキャスト』は、3冊目に登場します。


なお、本書では主人公・日吉慶子たちが「クラウド管理市場」をいち早く見つけて、新規事業を立ち上げています。現実には「クラウド管理市場」は現在とてもホットで、数多くのプレイヤーが参入していて、状況も複雑です。しかし本書は「理論をわかりやすくご理解いただくこと」を最優先としていますので、市場の状況は大胆に簡略化しています。実際に「クラウド管理市場」でご尽力されている方々から見ると違和感が多々あると思いますが、何卒ご理解いただければ幸いです。

日吉慶子と港未来の新たな戦いは、今後機会があれば書きたいと思っております。

マーケティングは、現代の必須ビジネススキルです。本書があなたのアニマルスピリットを解放し、日本を元気にする一助となることを願っています。

2025年2月

永井孝尚

巻末特典

本書で取り上げたマーケティング理論

本書は各種マーケティング理論に基づいて構成しています。参考文献とともに紹介します。

Story 1 「市場が飽和したから成長できない」は単なる言い訳

■『T・レビット マーケティング論』(セオドア・レビット著/ダイヤモンド社)

マーケティングの大家レビットの論文集。1960年に発表された冒頭の論文「マーケティング近視眼」は、今も世界中のマーケターに影響を与え続ける歴史的論文です。本論文では、成長が止まるのは市場の飽和でなく経営の失敗であること、そしてセールスとマーケティングは正反対であること、などを述べています。

■『ブランディングの科学　誰も知らないマーケティングの法則11』
（バイロン・シャープ著／朝日新聞出版）

バイロン・シャープは「既存顧客を大切にせよ」という従来の常識に対し、市場モデルと実データを駆使して、顧客離反率を下げるのは現実には難しいこと、新規顧客獲得が重要であることを提唱しています。ただシャープの理論は、サブスクのようないわゆる「コントラクチャル型」の商材や、大企業を顧客に抱える大型案件を中心とした法人ビジネスは対象としていないので、注意も必要です。

■『コトラー&ケラー&チェルネフ マーケティング・マネジメント　原書16版』
（フィリップ・コトラーほか著／丸善出版）

1967年の初版以来、50年以上にわたり数年ごとに改訂されているマーケティングのバイブルの邦訳最新版。3ページ目に「マーケティング・マネジメントというのは、ターゲット市場を選択し、優れた顧客価値を創造、提供、伝達することにより、顧客を獲得、維持、成長させる、アートでありサイエンスなのである」という言葉があります。

■『NO RULES 世界一「自由」な会社、NETFLIX』（リード・ヘイスティングス、エリン・メイヤー著／日本経済新聞出版）

ネットフリックスの企業文化を紹介した一冊。冒頭で、規模が1000倍のブロックバスターに買収を申し入れて断られた話が紹介されています。その後、ブロックバスターは2010年に破産。一方でネットフリックスは爆発的に成長しました。

Story 2 新技術がなくても、イノベーションはできる

■『現象学の理念』（エドムント・フッサール著／みすず書房）

「顧客が言うことが真実とは限らない」のはマーケティングの大問題。一方でジョブズやBalmudaの寺尾社長のようなマーケターは、徹底して自分の直観を掘り下げます。ここで参考になるのが哲学者フッサールが提唱した「現象学」。哲学でも、主観と客観の不一致が大問題でした。そこでフッサールは「主観の世界だけで考えよう」と提唱して、意識の上に現れる主観的体験（現象）に注目し、「直観を検証して真実に的中させよう」と考えました。ジョブズや寺尾さんも、まさに自分の主観を重視して、直観を徹底的に掘り下げ

て考え抜いているのです。

■『T・レビット マーケティング論』（セオドア・レビット著／ダイヤモンド社）

冒頭の論文「マーケティング近視眼」で、米国の自動車産業が消費者調査に大金を投じ続けたにもかかわらず、消費者の真のウォンツをつかめず、小規模メーカー（日本車）にコンパクトな小型車の市場を奪われたことを紹介した上で、「自動車メーカーは消費者のウォンツなど調査していなかったのである。前もって自動車メーカーが売り出そうと決めておいた車のうち、どれを消費者が好むのかを調査していたにすぎない」と厳しく批判しています。真のウォンツをつかむことが、顧客の課題解決に繋がるのです。

■『企業家とは何か』（J・A・シュンペーター著／東洋経済新報社）

100年前の経済学者シュンペーターがドイツ語で書いた論文4件を日本で独自にまとめた一冊。「経済発展の原動力はイノベーションだ」「イノベーションとは既存知と既存知の新しい組合せだ」と述べています。

■『イノベーションの競争戦略 優れたイノベーターは0→1か？ 横取りか？』（内田和成編著／東洋経済新報社）

本書は国内外のイノベーション事例1000件近くを調査し、こんな結論を示しています。

『世の中に存在しなかった画期的な発明やサービスは、企業におけるイノベーションの必要条件ではない。それよりも新しい製品・サービスを消費者や企業の日々の活動や行動の中に浸透させることこそがイノベーションの本質である』

『「顧客の価値観・態度が変わって、結果として生活やビジネス上の行動が変わったか？」という問いに対する答えが「YES」のものがイノベーションなのだ』

・「BALMUDA The Light」（https://www.balmuda.com/jp/light/story）

「子どもたちの目を悪くしたくない」というウォンツを発掘し、様々な技術を繋げてBALMUDA The Lightの製品化を実現した開発ストーリーが紹介されています。

■『Airbnb Story 大胆なアイデアを生み、困難を乗り越え、超人気サービスをつくる方法』
（リー・ギャラガー著／日経BP社）

Airbnbの創業者たちが大胆なアイデアを生み出し、瞬く間に世界に広がる巨大ビジネスに育て上げた軌跡を描いています。

■『アントレプレナーの教科書　新装版：シリコンバレー式イノベーション・プロセス』
（スティーブン・G・ブランク著／翔泳社）

「伝説の起業家」と称される著者が、自分の経験をもとに、アントレプレナー（起業家）が成功するための方法論「顧客開発モデル」をまとめた一冊です。

■『リーン・スタートアップ　ムダのない起業プロセスでイノベーションを生みだす』
（エリック・リース著／日経BP社）

『アントレプレナーの教科書』を書いたブランクの一番弟子である著者が、現場で実践した学びをもとにさらに進化させた方法論「リーン・スタートアップ」をまとめた一冊。MVP（実用上最小限の機能を持った製品）やピボットは、本書で紹介されています。

■『売上につながる「顧客ロイヤルティ戦略」入門』（遠藤直紀、武井由紀子著／日本実業出版社）

本文で紹介した、主婦に「どんな皿がほしいか」を聞いた逸話が紹介されています。

■『起業の科学　スタートアップサイエンス』（田所雅之著／日経ＢＰ社）

起業家の方法論をまとめた一冊。顧客の課題の質を磨き抜く大切さを強調しています。

・「『SmartHR』開発のヒントは〝超速仮説検証〟宮田昇始さん」（STARTUPS JOURNAL）
(https://journal.startup-db.com/articles/smarthr)

SmartHRの創業時の挑戦について紹介しています。

・「私の履歴書　花王社長　尾崎元規氏（上）ヒット商品、波頭つかむ」
（「日本経済新聞」　２０１０年４月19日）
(https://www.nikkei.com/article/DGKDZO05869020X10c10A4TJP000)

後に花王の社長に就任した尾崎さんが若手プロダクトマネジャーだった時、少数意見に注目して大ヒット商品「ピュアシャンプー」を生み出したエピソードが紹介されています。

Story 4 日本人は創造的模倣を恐れている

■『起業の科学 スタートアップサイエンス』（田所雅之著／日経BP社）

課題の質を高める方法として、課題が「自分ごと」であることが挙げられています。Airbnbも「家賃が払えない」という切迫した状況を打開するために、ベッドと朝食を掲載しました。自分が痛みを感じている具体的な課題に、新規事業の原石があるのです。「ひとり情シス」になった多摩川園子が開発したシステムが、他の中小企業にいる同じ状況の情シス担当者に歓迎されたのも、多摩川が自分の課題を解決するために開発したからなのです。

■『人月の神話』（フレデリック・P・ブルックスJr.著／丸善出版）

1975年に刊行され、世界のITエンジニアにバイブルとして読み継がれてきた名著。ITシステムの開発がなぜ難航し、時に稼働しないのか、その本質的な原因が書かれています。

本書の中で、著者のブルックスは経験談として「できるプログラマーとそうでないプログラマーは生産性が10倍違う」と述べています。超優秀なプログラマーは桁違いの生産性を持っているのです。

■『イノベーションの競争戦略 優れたイノベーターは0→1か？ 横取りか？』（内田和成編著／東洋経済新報社）

本書は「自前主義を放棄せよ」という提言の中で、「他人のふんどしで相撲をとることを否定するな」と述べた上でこう言っています。

「日本企業は他人のアイデアを頂いて、自分のビジネスにすることに対してあまりにも否定的なところがある。もっと成果本位すなわち行動変容を勝ち取ることにフォーカスして、ビジネスを展開するほうがイノベーションにつながるということを理解すべきである。いかに他人のふんどしで相撲をとるか、あるいは油揚げをさらわれる側ではなく油揚げをさらうトンビを目指すべきかということになる」

■『イーロン・マスクの野望 未来を変える天才経営者』（竹内一正著／朝日新聞出版）

イーロン・マスクがイノベーションを実現し続けている秘密を次のように紹介しています。

「スペースX社は破格に安いコストでロケットを作り、成功を収めている。しかしこれは『革命的なブレークスルー（突破）によってではなく、コツコツと地道な努力を積み重ねることで成し遂げたんだ』とイーロンは奥義を漏らした」

- **「【経済教室】日本企業、戦略不全からの脱出（上）「猿まね」批判を恐れるな 井上達彦・早稲田大学教授」**（「日本経済新聞」 2022年5月31日）
（https://www.nikkei.com/article/DGKKZO61247070Q2A530C2KE8000）

1989年まで日本企業が持っていた強みは「創造的模倣」であり、その後の低迷は「イミテーション実践力＝模倣力の喪失」であることを論じています。

本文で紹介したトヨタとセブン-イレブンの事例は、本記事から引用しています。

- **「情報システム部門のひとり運営実践と中堅中小企業の現実解」（黒田光洋著／情報システム学会　第11回全国大会・研究発表大会）**
（https://www.jstage.jst.go.jp/article/proceedingsissj/11/0/11_c14/_pdf/-char/ja）

多摩川園子が語った「ひとり情シス」の状況と対策は本論文を参考にしています。本論文では中小企業の情報システム部門の現状と課題を「情報システム部門のひとり運営」により立て直すことを提案しています。一人なら作業も決断も自分次第。自分でつくれれば、外部委託も不要。予算確保の手間も少なくなり、コミュニケーションコストも最小限。そのための具体的な方針も提唱した上で、「むしろ一人の方が有利ともいえる状況になっている」としています。

Story 5 チョコザップに〝筋トレおじさん〟がいない理由

■『コトラー&ケラー&チェルネフ マーケティング・マネジメント 原書16版』
（フィリップ・コトラーほか著／丸善出版）

ＳＴＰの考え方が、第６章「市場セグメントとターゲット顧客の明確化」と第７章「顧客価値提案の作成とポジショニング」で紹介されています。

・「chocoZAP、年内にも業界1位へ 前代未聞のリアルA／Bテスト大作戦」
（日経クロストレンド ２０２３年７月24日）
（https://xtrend.nikkei.com/atcl/contents/18/00857/00001/）

RIZAPグループ取締役の鎌谷賢之氏がchocoZAPをいかに生み出したかを語っています。

「普段筋トレをしている層からパイを奪うのであれば、確かにレッドオーシャン。ただ、ターゲットは運動をほとんどしない初心者。全国に膨大な人数がいるわけで、間違いなくブルーオーシャンが広がっていると判断した。(中略)そこで思いついたのが、ヘビーな筋肉トレーニングをしている愛好家は相手にせず、初心者御用達の24時間ジムを大量出店してしまうというアイデアだった」

Story 6 【新】100円のコーラを1000円で売る方法

■『価格戦略論』(ヘルマン・サイモン、ロバート・J・ドーラン著/ダイヤモンド社)

原著は1996年刊行なので、掲載された事例はやや古さを否めませんが、価格戦略の第一人者であるサイモンが書いた価格戦略の体系的な理論書であり、世界的ベストセラーです。

■『競争戦略論Ⅰ』（マイケル・E・ポーター著／ダイヤモンド社）

競争戦略の第一人者であるポーターによる、競争戦略の入門書的な一冊。本章で紹介した規模の経済性、経験曲線などの概念が紹介されています。

■『サブスクリプション「顧客の成功」が収益を生む新時代のビジネスモデル』（ティエン・ツォ、ゲイブ・ワイザート著／ダイヤモンド社）

セールスフォース創業期に入社し、CMOなどを歴任、「サブスクリプション・エコノミー」の到来をいち早く予見した著者によるサブスク・ビジネスのバイブル。サブスクに挑戦する人は必読です。

■『影響力の武器 人を動かす七つの原理 新版』（ロバート・B・チャルディーニ著／誠信書房）

2倍の価格をつけたターコイズ（トルコ石）に観光客が殺到して売り切れた事例が紹介されています。ターコイズに関する知識を持ち合わせていなかった観光客は、「高価なもの＝良質なもの」というステレオタイプ（型にはまった行動・思考様式）を使って「これは買う価値がある」と判断した、と著者は説明しています。

■『キーエンス 高付加価値経営の論理 顧客利益最大化のイノベーション』（延岡健太郎著／日本経済新聞出版）

高付加価値経営を追求するキーエンスのビジネスモデルに迫った一冊。画像寸法測定器の事例も本書の中で紹介されています。

・「『飲食店の味方になりたい』予約アプリの旗手の逆転劇　トレタ代表取締役　中村仁」（「週刊東洋経済」　２０１９年７月27日号）

本章で紹介した妙蓮寺朱美は、この記事にあるトレタの中村仁さんがモデルです。また、豚しゃぶ専門店はかつて中村さんが始め、六本木にあったお店「豚組しゃぶ庵」をモデルにしています。

Story 7 「深川から一歩も出るな」を徹底したセブン‐イレブン

■『起業の科学 スタートアップサイエンス』（田所雅之著／日経ＢＰ社）

ＴＡＭ（Total Addressable Market）の概念が次の計算式で紹介されています。「ＴＡＭ

＝エンドユーザー数×その人が年間に支払う金額」

■『ゼロ・トゥ・ワン　君はゼロから何を生み出せるか』（ピーター・ティール、ブレイク・マスターズ著／NHK出版）

シリコンバレーで絶大な影響力を持つティールが、創業の経験をスタンフォード大学の学生に講義した内容をまとめた一冊。新しいことを始めるとき、多くの人はまず大きな市場を攻めることを考えがちです。しかし、ティール自身がペイパルの決済サービスを始めた際に、ｅＢａｙの数千人のパワーユーザーに集中して売り込み、彼らの4分の1を獲得したところから始めた例を挙げて「小さく始めてその市場を独占せよ」と提唱しています。

■『ＡＰＩ革命　つながりが創る次代の経営』（日経ＢＰムック）

ＡＰＩによって激変する経営の現場を、様々な事例を交えて紹介しています。

■「セブン-イレブン　覇者の奥義」（田中陽著／日本経済新聞社）

セブン-イレブンの創業から成長するまでの軌跡を、セブンがほとんど情報公開していなかった頃から丹念に追い続けた一冊。セブンを創業した鈴木敏文元会長が、創業時、効率を徹底追究するために「深川から一歩も出るな」と厳命した様子が書かれています。

Story 8 強者の勝ちパターンを知れ

■『ランチェスター思考 競争戦略の基礎』（ランチェスター戦略学会監修、福田秀人著／東洋経済新報社）

本書では、「強者の戦略」を次のように紹介しています。

「強者の戦略：弱者との接近戦を避け、間接的、遠隔的な確率戦を挑む」

トライアンフが『鬼武者』を大々的にぶち上げたのは、間接的・遠隔的な確率戦です。

・「ランチェスター戦略 成熟市場を生き抜く競争戦略論」（福田秀人、東洋経済新報社「Think!」2010 No.34）

ミート戦略の例として、松下幸之助の「よそさんの品もんのええところを徹底的に研究して、何か1つ2つ足せばええんや」という言葉が紹介されています。

■『新訂　競争の戦略』（マイケル・E・ポーター著／ダイヤモンド社）

「コストリーダーシップ戦略」「差別化戦略」「集中戦略」という三つの基本戦略を紹介した上で、「このうちどの戦略でも、うまく実行するには、ふつう全力投球の心構えと組織面での支援体制が必要である」と述べています。戦略を選んだら、中途半端にやらずに、徹底してやり遂げることが必要なのです。

■『ランチェスター思考　競争戦略の基礎』

（ランチェスター戦略学会監修、福田秀人著／東洋経済新報社）

本書では「弱者の戦略」を次のように紹介しています。

「弱者の戦略：強者と正面から戦うのは避け、局地戦、接近戦を挑む」

日吉たちが『ヤマクラフォーキャスト』の中小企業ユーザーをTAMに選び、API公開でITサービス企業と協業する道を選んだのも、トライアンフと正面から戦うのを避けて、局地戦で戦うためなのです。

■『流通チャネルの転換戦略 チャネル・スチュワードシップの基本と導入』
（V・カストゥーリ・ランガン著／ダイヤモンド社）

チャネル戦略に特化した数少ない名著。著者のランガン教授は「顧客ニーズを満たすためにチャネルを構築せよ。チャネルメンバー全員が一体となり、レーザービームのように顧客価値最大化を考えるべきだ」と述べた上で、チャネル関係者全員で何がお客様にとってベストかを考えるための「チャネル・スチュワードシップ」という考え方を提唱しています。日吉たちも、ITサービス企業のパートナーとともに、顧客である中小企業の顧客価値を最大化することを考え続けたのです。

・「転機のコンビニ　セコマにヒント」（日本経済新聞　２０１９年７月２日）
・「（トップに聞く）手が届くプレミアム提供　セコマ会長 丸谷智保さん」
（日経ＭＪ　２０２０年６月２日）

北海道民という顧客に最適化するセイコーマートの取り組みが紹介されています。

・「低迷していた『ミスド』なぜ復活？　背景に、第三次ドーナツブームと行列のできる

人気店」（ITmediaビジネス　２０２２年12月21日）（https://www.itmedia.co.jp/business/articles/2212/21/news061.html）

・「大量閉店から復活した『ミスタードーナツ』。消費者を味方につけた〝仕掛け〟とは」（bizSPA! ２０２２年11月29日）（https://bizspa.jp/post-711494/）

・「コロナ禍で追い風を受けて業績急回復中　老若男女の需要をつかむ、ミスタードーナツ」（MarkeZine ２０２３年7月25日）（https://markezine.jp/article/detail/42794）

大手コンビニの挑戦を受けたミスタードーナツが、「ドーナツ戦争」をいかに戦い、店舗数激減というダメージを受けながらも生き残ったかが紹介されています。大手コンビニは隙がないように見えますが、店舗であらゆることをやっています。ミスドはドーナツ専業の強みを活かして、しぶとく勝ち残ったのです。

Story 10 広告ではブランドはつくれない

■『「売る」広告』（デイヴィッド・オグルヴィ著／海と月社）

「広告の父」と称されたオグルヴィが広告の本質を語る一冊。１９８３年の刊行で事例の古さは否めませんが、広告への本質的な洞察は今も有効。自ら数多くの広告をつくり、常に効果を実証してきた著者の知見が惜しみなく紹介されています。『ブランディングの科学』の著者バイロン・シャープが師事したアレンバーグの言葉を、本書で次のように引用しています。

「消費者は石鹸や洗剤を購入する際、単一ブランドでなく複数ブランドの好みのレパートリーの中から買う。このレパートリーはあまり変化しないし、規則的で習慣性がある。また消費者は、自分が使っていないブランドの広告には滅多に目を留めない」

つまり広告の役割は、消費者が認知したブランドを頻繁に買ってもらうこと。

「広告の父」は、広告の限界もまた熟知していたのです。

■『ブランドは広告でつくれない　広告vsPR』（アル・ライズ、ローラ・ライズ著／翔泳社）

私たちは広告とPRを同じモノだと思いがちですが、その違いを教えてくれる一冊。本書のメッセージは一貫して「まずPRでブランドを構築し、広告でブランドを守れ」。消費者は自分が使わないブランドの広告には目を留めません。広告で知らない名前を見てもスルーするだけ。しかし、偏見がないメディアから発信されるPRなら信頼します。

広告関係者からは批判が多い本書ですが、広告の力は広告の氾濫と信頼性低下で弱まっているのも事実です。自らメディアに出て、自分の言葉で新製品の思いを語る経営トップが増えているのも、この状況を肌で熟知しているからです。

■『コトラー&ケラー&チェルネフ マーケティング・マネジメント 原書16版』

（フィリップ・コトラーほか著／丸善出版）

本章で紹介したコミュニケーション戦略の立て方は、第12章「マーケティング・コミュニケーションのマネジメント」で「コミュニケーション・プログラムの開発のステップ」として紹介されています。このステップを首尾一貫して行うことが必要なのです。

■『WHYから始めよ！ インスパイア型リーダーはここが違う』

（サイモン・シネック著／日本経済新聞社）

人々を鼓舞して世を変えるのは、ひと握りのカリスマリーダーだけの才能と思われがちですが、著者のシネックは「パターンを学べば誰でも彼らのように人々を鼓舞できる」と言っています。シネックはそのポイントは「WHYから始めることだ」と述べた上で、WHAT、HOW、WHYの三つの円が同心円上に重なる「ゴールデンサークル」を提唱しています。多くの人は外側の「WHAT＝何をするか」から語りますが、人を動かす人は内側の「ＷＨＹ＝大義名分」から語っています。
小杉武蔵もＷＨＹから語ることで、たどたどしいプレゼンでも人を動かしたのです。

・「【経済教室】日本企業、戦略不全からの脱出（上）「猿まね」批判を恐れるな　井上達彦・早稲田大学教授」（「日本経済新聞」２０２２年５月31日）

模倣には、原理を理解している「よい模倣」と、目に見える現象だけを見てうわべだけをマネした「悪い模倣」があることを述べた上で、見た目はなかなか模倣できないビジネスモデルは、実は模倣によって生まれているという「模倣のパラドックス」を紹介しています。そして、日本企業が実践すべきは模倣イノベーションであると提言しています。

・『オーセンティック・リーダーシップ』（ハーバード・ビジネス・レビュー編集部編／ダイヤモンド社）

リーダーシップの研究者たちは、過去１０００以上の調査研究で「あるべきリーダーの姿」を探りました。しかし、理想のリーダーシップ像を突き止めた研究は皆無です。「あるべきリーダーの姿」を演じようと頑張っても、周囲は本能的に「演技だ」と見抜きます。そこで登場したのがオーセンティック・リーダーシップという考え方。「本心に偽りのないリーダーシップ」という意味で、「自分らしさを貫くリーダーシップ」のことです。緊張して追い込まれた小杉も、台本を捨てて腹を据えることでオーセンティック・リーダーシップを発揮したのです。本書はこのオーセンティック・リーダーシップの論文集です。

・「エアウィーヴ・高岡会長　眠れる会社を見事に覚醒の快〝寝〟撃」

(zakzak by 夕刊フジ　２０１５年1月27日)

(https://www.zakzak.co.jp/economy/ecn-news/news/20150127/ecn1501270830006-n1.htm)

同社の高岡会長（当時）が創業時の様子を語っています。

・「一流に愛されるブランド戦略で活路」(事業構想　２０１４年2月号)

(https://www.projectdesign.jp/201402/pn-aichi/001121.php)

当初、エアウィーヴが２００枚売れてアスリートの評判がよかったので、ＰＲ戦略に切り替えた話が紹介されています。

・「特集2 失敗の研究 Case1 ユニクロ野菜の失敗から「g. u.」の成功へ

1回でうまくいくはずがない。失敗を糧にせよ」（「日経ビジネスアソシエ」2012年11月号）

ファーストリテイリングのSKIP（ユニクロの野菜プロジェクト）の失敗について、当時の事業責任者である柚木治さんが語っています。ちなみに柚木さんは現在、躍進が続くGU事業の代表取締役社長です。

あとがき

■『儲けの科学 The B2B Marketing 売れるサービスを開発し、営業生産性を劇的に引き上げたオーケストレーションの技法』（庭山一郎著／日経BP社）

長年にわたり世界最先端のB2Bマーケティングを日本に紹介してきた著者が、B2Bマーケティングの全体像を解説する一冊。こんな一節があります。

「日本企業の弱点は『マーケティング』だけなのです。マーケティングだけが突出して弱いのです。それを例えて言うならば、大学受験で多くの科目で70近い偏差値なのに、英語だけ偏差値が40という受験生のようなものです」

20万部突破！『必読書』シリーズ

世界のエリートが学んでいる
MBA必読書
50冊を1冊にまとめてみた

世界のエリートが学んでいる
MBAマーケティング必読書
50冊を1冊にまとめてみた

世界の起業家が学んでいる
MBA経営理論の必読書
50冊を1冊にまとめてみた

世界のエリートが学んでいる
教養書必読
100冊を1冊にまとめてみた

60万部突破！『100円コーラ』シリーズ

100円のコーラを
1000円で売る方法

100円のコーラを
1000円で売る方法2

100円のコーラを
1000円で売る方法3

永井 孝尚（ながい　たかひさ）
マーケティング戦略コンサルタント。
慶應義塾大学工学部を卒業後、日本IBMで大和研究所の製品開発マネージャー、ソフトウェア事業の戦略マーケティングマネージャー、人材育成責任者などを経て、2013年に退社。同年多摩大学大学院客員教授を担当。マーケティング戦略思考を日本に根づかせるためにウォンツアンドバリュー株式会社を設立。多くの企業へ戦略策定支援、講演・研修を提供。2020年からオンライン「永井経営塾」を主宰し、仕事に役立つマーケティング・マネジメント戦略を伝え続けている。
主な著書に60万部超『100円のコーラを1000円で売る方法』シリーズ、23万部超『世界のエリートが学んでいるMBA必読書50冊を１冊にまとめてみた』シリーズ（すべてKADOKAWA）、10万部『これ、いったいどうやったら売れるんですか?　身近な疑問からはじめるマーケティング』（SB新書）などがあり、著書累計は100万部を超える。

オフィシャルサイト https://takahisanagai.com
X（旧Twitter）@takahisanagai
永井経営塾 https://nagaijuku.com/biz/special/

【新《しん》】100円《えん》のコーラを1000円《えん》で売《う》る方法《ほうほう》

2025年４月22日　初版発行

著者／永井《ながい》 孝尚《たかひさ》

発行者／山下 直久

発行／株式会社KADOKAWA
〒102-8177　東京都千代田区富士見2-13-3
電話　0570-002-301（ナビダイヤル）

印刷所／TOPPANクロレ株式会社

製本所／TOPPANクロレ株式会社

ISBN 978-4-04-811356-4　C0030